Christian Maiwald (Hrsg.)

Grundgesetz

Text

Föderalismusreform

C.F. Müller Wissenschaft

Grundgesetz
Text

Föderalismusreform
mit Begleitgesetz und Einführung

herausgegeben von

Dr. Christian Maiwald

CFM

C.F. Müller Verlag
Heidelberg

Bibliografische Informationen Der Deutschen Bibliothek

Die Deutsche Bibliothek verzeichnet diese Publikation in der Deutschen Nationalbibliografie; detaillierte bibliografische Daten sind im Internet über <http://dnb.ddb.de> abrufbar.

ISBN-13: 978-3-8114-5221-3
ISBN-10: 3-8114-5221-5

www.cfmueller-verlag.de

Satz: Claus Hölzer, Hagenbach
Druck: J.P. Himmer, Augsburg

Printed in Germany

Inhaltsverzeichnis

Einführung

I. Einleitung

Anfang September 2006 ist die Föderalismusreform in Kraft getreten. Bei dem mit diesem Kurztitel abgekürzten Vorhaben handelt es sich um zwei Gesetze, welche die größte Verfassungsreform seit 1949 darstellen: Zum einen die 52. Änderung des Grundgesetzes, das „Gesetz zur Änderung des Grundgesetzes (Artikel 22, 23, 33, 52, 72, 73, 74, 74a, 75, 84, 85, 87c, 91a, 91b, 93, 98, 104a, 104b, 105, 107, 109, 125a, 125b, 125c, 143c)“, zum anderen das „Föderalismusreform-Begleitgesetz“, das die notwendigen Folgeregelungen auf einfach-rechtlicher Ebene enthält. Die beiden Gesetze sind in diese Textsammlung aufgenommen. Die mit dem Gesetz zur Änderung des Grundgesetzes vorgenommenen Änderungen sind in eine konsolidierte Fassung des Grundgesetzes eingearbeitet. Darüber hinaus ist die Gesetzesbegründung für das Gesetz zur Änderung des Grundgesetzes in die Sammlung aufgenommen.

II. Entstehungsgeschichte

Die Reform geht auf Forderungen der großen Länder Baden-Württemberg, Bayern und Nordrhein-Westfalen zurück. Die bestehenden Handlungsmöglichkeiten für die Landespolitik wurden angesichts bundeseinheitlicher Regelungen in den meisten Bereichen als unzureichend empfunden. Der frühere Ministerpräsident Nordrhein-Westfalens, Clement, forderte Möglichkeiten für eine aktive Infrastrukturpolitik der Länder[1] und propagierte Modellregionen, um mit Abweichungen von Bundesrecht experimentieren zu können. Altbundeskanzler Helmut Schmidt schlug vor, zur Erleichterung der Neugründung von Betrieben und Unternehmen, zur Förderung von Investitionen und zur Schaffung zusätzlicher Arbeitsplätze in den neuen Bundesländern die Landtage dieser Länder zu ermäch-

1 Vgl. Rede vom 18. Juni 2001 im Bundesrat.

tigen, eine Reihe von Vorschriften in bisher geltenden Bundesgesetzen für den Bereich ihres Bundeslandes abzuschaffen oder zu vereinfachen[2]. Besonders aktiv waren die Landesparlamente und die Landesregierungen. Bereits im November 1998 richtete der Bayerische Landtag eine Enquete-Kommission zur Untersuchung der Reform des Föderalismus ein, die sich in ihrem Bericht 2002 u.a. dafür aussprach, die Länder in allen Bereichen der konkurrierenden Gesetzgebung zu ermächtigen, vom Bundesrecht abzuweichen („Vorranggesetzgebung"). Am 31. März 2003 nahmen alle Landesparlamente auf einem „Föderalismuskonvent" in Lübeck eine Erklärung an, in der die Stärkung der Länder u.a. durch die Einführung einer Vorranggesetzgebung gefordert wurde. Die Landesregierungen legten im Jahre 2001 ihre Position für Verhandlungen mit dem Bund fest. Auch hier waren Zugriffsrechte der Länder auf Bundesrecht ein wesentliches Element.

Neben der Forderung nach Stärkung der Gesetzgebungskompetenzen der Länder ist die Reform vor allem auf anfänglich in der Wissenschaft vorgetragene Bedenken gegen die zunehmende Verflechtung der Entscheidungsebenen von Bund und Ländern zurückzuführen. Während dies anfangs ohne Wertung lediglich als besonderes Merkmal des deutschen föderalen Systems begriffen wurde[3] (Beteiligungs- statt Gestaltungsföderalismus), stieß diese Entwicklung angesichts der sich seit den 70er Jahren wiederholenden Blockadesituationen im Bundesrat auf immer stärkere Kritik[4]. Die Politikverflechtung auf Bundesebene machten Entscheidungsabläufe im Gesetzgebungsverfahren intransparent, gefährdeten dadurch die demokratische Legitimation und bedeuteten eine erhebliche Einschränkung der Handlungsfähigkeit des Bundes.

Diese beiden Hauptkritikpunkte am gegenwärtigen föderalen System in Deutschland wurden in der Reform verbunden, um sowohl Bund als auch Ländern mehr autonome Handlungsmöglichkeiten zu geben.

Im Dezember 2001 setzten die Regierungschefs von Bund und Ländern einen Lenkungsausschuss sowie eine Arbeitsgruppe „Kompetenzen" und eine Arbeitsgruppe „Finanzen" ein, um auf Regierungsebene die Reform vorzubereiten. Die Arbeitsgruppen legten im Dezember 2002 Berichte vor, die Bestandsaufnahmen und – jedenfalls im Bereich Kompetenzen –

2 In: Die Zeit vom 4. Oktober 2001.
3 Vgl. K. Hesse, Der unitarische Bundesstaat, 1962.
4 Vgl. Scharpf, Politikverflechtung, 1976.

auch eine Problembeschreibung enthielten[5]. Im Bereich Kompetenzen schuf der Bericht bereits eine wichtige Grundlage für die später im Gesetzgebungsverfahren beschlossenen Änderungen, u.a. in den Bereichen Versammlungsrecht, Wohnungswesen, Umweltgesetzgebung, Dienstrecht, Hochschulwesen, Presserecht, Melde- und Ausweiswesen sowie Kulturgüterschutz.

Im Oktober 2003 setzten Bundestag und Bundesrat eine Kommission zur Modernisierung der bundesstaatlichen Ordnung ein. Die Beratungen der Kommission sind von Bundestag und Bundesrat in allen Einzelheiten dokumentiert[6]. Die vom damaligen SPD-Fraktionsvorsitzenden Müntefering und vom bayerischen Ministerpräsidenten Stoiber gemeinsam geleitete Kommission bestand aus 16 Mitgliedern des Bundestages, den 16 Ministerpräsidenten der Länder ebenfalls mit Mitgliederstatus, 4 Bundesministern mit Gaststatus, beratenden Mitgliedern der Landtage, ständigen Gästen aus dem Kreis der kommunalen Spitzenverbänden und 12 Sachverständigen. Die Kommission richtete zwei Arbeitsgruppen und 7 Projektgruppen ein. Auf ihrer abschließenden Sitzung am 17. Dezember 2004 scheiterte eine Einigung über ein gemeinsames Reformkonzept. Allerdings konnten in vielen Bereichen Verständigungen herbeigeführt werden, die später in das Reformgesetz eingeflossen sind[7]. Keine Einigung erzielt wurde auf den Gebieten Hochschulrecht und Bildungsplanung, Umweltrahmenrecht, innere Sicherheit (Kompetenzen des Bundeskriminalamts für die Terrorismusbekämpfung, Kompetenzen im Bereich Katastrophenschutz/Zivilschutz), Mitwirkung der Länder in Europafragen (Art. 23 Abs. 6 GG) und EU-Haftung.

Im Koalitionsvertrag vom 18. November 2005 verständigten sich CDU, CSU und SPD auf Lösungen auch dieser offen gebliebenen Fragen. Eine Bund/Länder-Redaktionsgruppe erarbeitete dann auf Grundlage des Koalitionsvertrages zwei Gesetzentwürfe. Das Bundeskabinett und die Ministerpräsidentenkonferenz stimmten den Entwürfen am 6. März 2006 zu, welche als Gesetzentwürfe der Fraktionen von CDU/CSU und SPD in den Bundestag[8] und als Gesetzesanträge der Länder Nordrhein-Westfalen, Bayern, Berlin und Bremen[9] in den Bundesrat eingebracht wurden.

5 Die Berichte sind als Arbeitsunterlagen 2 und 3 der Kommission von Bundestag und Bundesrat zur Modernisierung der bundesstaatlichen Ordnung veröffentlicht (Bundestag/Bundesrat, Zur Sache 1/2005).

6 Zur Sache 1/2005.

7 Vgl. Arbeitsunterlage 104 – neu – in Zur Sache 1/2005.

8 BT-Drs. 16/813, 16/814.

9 BR-Drs. 178/06, 179/06.

Am 10. März 2006 begannen die parlamentarischen Beratungen mit der 1. Lesung im Bundestag und der 1. Beratung im Bundesrat. Im Zeitraum vom 15. Mai bis zum 2. Juni 2006 führten der Rechtsausschuss des Bundestages und der Innenausschuss des Bundesrates gemeinsam eine öffentliche Anhörung von 105 Sachverständigen durch. Als Ergebnis dieser wohl größten jemals in den deutschen Parlamenten durchgeführten Anhörung stellten die Koalitions- und Oppositionsfraktionen noch eine Reihe von Änderungsanträgen. Der Bundestag verabschiedete schließlich auf seiner Sitzung am 30. Juni 2006 die Gesetzentwürfe in Verbindung mit den Änderungsanträgen der Koalition[10]; der Bundesrat stimmte am 7. Juli 2006 zu. Außerdem wurden gleichlautende Entschließungen verabschiedet[11]. Das Gesetz zur Änderung des Grundgesetzes trat am 1. September in Kraft; das Föderalismusreform-Begleitgesetz am 12. September. Für bestimmte Artikel des Begleitgesetzes ist ein Inkrafttreten erst zum 1. Januar 2007 vorgesehen.

III. Inhalt der Reform

Die Reform ordnet in vielen Bereichen die Beziehungen zwischen Bund und Ländern neu. Sie ist im Wesentlichen eine Reform von Zuständigkeiten, nicht von inhaltlichen Fragen. Derartige Themen, wie etwa die Einführung von Plebisziten auf Bundesebene, waren nicht Gegenstand der Reform. Daneben sind mit der Reform längst nicht alle Probleme der Verflechtungen der Entscheidungsebenen von Bund und Ländern gelöst worden. Insbesondere die Verflechtungen in der Finanzverfassung, z.B. Fragen des Finanzausgleichs, sollen nach dem Koalitionsvertrag vom 18. November 2005 erst in einer 2. Stufe der Reform angegangen werden. Das Thema Länderneugliederung ist am Rande der Föderalismusreform thematisiert, aber nicht aufgegriffen worden.

Folgende Themen sind Inhalte der aktuellen Reform:

1. Neuregelung der Zustimmungsbedürftigkeit von Bundesgesetzen

Die Regelungen im Grundgesetz zur Zustimmungsbedürftigkeit von Bundesgesetzen sind verantwortlich für die Verflechtungen der Entscheidungsebenen von Bund und Ländern bei der Bundesgesetzgebung. Der Anteil zustimmungsbedürftiger Gesetze liegt bereits seit der 2. Wahlperi-

10 Vgl. BGBl. I S. 2034, 16/2069.
11 Vgl. BGBl. I S. 2098, 16/2052.

ode des Deutschen Bundestages zwischen 50 und 60%. Durch die verschiedenen Änderungen, die mit der Reform vorgenommen werden, wird eine erhebliche Reduzierung der Zustimmungsquote erwartet. Die Wissenschaftlichen Dienste des Deutschen Bundestages haben in einem Gutachten einen Rückgang auf ca. 25% prognostiziert[12]. Die Prognose ist naturgemäß mit Unsicherheiten behaftet. So sind die Wissenschaftlichen Dienste davon ausgegangen, dass von der Ausnahmeklausel in Art. 84 Abs. 1 Satz 5 GG (näher dazu unten) kein Gebrauch gemacht wird, was sich erst in der Staatspraxis erweisen wird.

a) Artikel 84 Abs. 1 GG

Ca. 50% aller zustimmungsbedürftigen Gesetze unterliegen der Zustimmungspflicht auf Grund von Art. 84 Abs. 1 GG, der Eingriffe des Bundes in die Organisationshoheit der Länder durch Regelungen der Behördeneinrichtung oder des Verwaltungsverfahrens der Länder mit der Zustimmungspflicht sanktioniert[13]. Regelungen der Behördeneinrichtung sind vor allem Bestimmungen über die Zuständigkeit von Landesbehörden. Regelungen des Verwaltungsverfahrens sind nach der Rechtsprechung des Bundesverfassungsgerichts jedenfalls diejenigen gesetzlichen Bestimmungen, die die Tätigkeit der Verwaltungsbehörden im Blick auf die Art und Weise der Ausführung des Gesetzes einschließlich ihrer Handlungsformen, die Form der behördlichen Willensbildung, die Art der Prüfung und Vorbereitung der Entscheidung, deren Zustandekommen und Durchsetzung sowie verwaltungsinterne Mitwirkungs- und Kontrollvorgänge in ihrem Ablauf regeln[14]. Als Beispiele nennen kann man Regelungen über die Anhörung des von einer Verwaltungsentscheidung betroffenen Bürgers, Vorschriften, die die Behörden der Länder zum Tätigwerden innerhalb bestimmter Fristen oder in bestimmter Form verpflichten, Regelungen über Gebühren, Bestimmungen über Zustellungen oder die Verwaltungsvollstreckung durch die Behörden der Länder oder auch behördenadressierte Datenschutzbestimmungen.

Bei diesen Regelungen handelt es sich meist um vergleichsweise unwichtige Nebenpunkte von Gesetzesvorhaben. Nach der Rechtsprechung des Bundesverfassungsgerichts ist ein Gesetz aber als gesetzgebungstechnische Einheit zu sehen. Ist eine Vorschrift eines Gesetzes zustimmungsbe-

---

12 Georgii/Borhanian, Zustimmungsgesetze nach der Föderalismusreform, Wie hätte sich der Anteil der Zustimmungsgesetze verändert, wenn die vorgeschlagene Reform bereits 1998 in Kraft getreten wäre?, 2006.

13 Vgl. Arbeitsunterlage 2, S. 42 ff., in Zur Sache 1/2005.

14 BVerfGE 55, 274, 320 f.; 75, 108, 152.

dürftig, hat dies die Zustimmungsbedürftigkeit des gesamten Gesetzes zur Folge[15]. Damit haben die Länder bisher Zustimmungsrechte zu sämtlichen Vorschriften eines Gesetzes, auch wenn die Verfassung lediglich Eingriffe in die Organisationshoheit der Länder im Auge hatte.

Mit der Reform erfolgt ein Systemwechsel bei Art. 84 Abs. 1 GG: An die Stelle der Zustimmungspflicht treten Abweichungsrechte der Länder für die Regelungen der Behördeneinrichtung und das Verwaltungsverfahren der Länder. Der Bund kann damit grundsätzlich den gesamten materiellen Bereich eines Gesetzes ohne Zustimmung des Bundesrates und – von bestimmten Umwelt- und Hochschulkompetenzen abgesehen – ohne Abweichungsrechte der Länder regeln. Er kann damit zwar auch grundsätzlich keine „abweichungsfesten" Vorgaben mehr für die Behördeneinrichtung oder das Verwaltungsverfahren der Länder treffen; dabei handelt es sich aber meist um die eher unwichtigen Bestimmungen.

Im Verhältnis von Bundes- und Landesrecht geht das jeweils spätere Gesetz vor. Durch diese „lex-posterior-Regel" erhält vor allem der Bund die Möglichkeit, abweichendes Landesrecht durch späteres Bundesgesetz wieder zurückzuholen. Damit wird die Möglichkeit des gesetzgeberischen „Ping-Pongs" eröffnet, was aber in der Praxis voraussichtlich selten vorkommen wird. Für den Fall, dass der Bund – quasi im „Dritten Aufschlag" – das abweichende Landesrecht zurückholt, gilt eine besondere Inkrafttretensvorschrift. Hat ein Land eine abweichende Regelung getroffen, treten in diesem Land hierauf bezogene spätere bundesgesetzliche Regelungen der Einrichtung der Behörden und des Verwaltungsverfahrens frühestens sechs Monate nach ihrer Verkündung in Kraft, soweit nicht mit Zustimmung des Bundesrates anderes bestimmt ist. Die „lex-posterior-Regel" und die Inkrafttretensvorschrift waren bis zu den letzten Verhandlungen der Reform heftig umstritten.

Nur „in Ausnahmefällen wegen eines besonderen Bedürfnisses nach bundeseinheitlicher Regelung" kann der Bund nach Art. 84 Abs. 1 Satz 5 GG (nur) Regelungen des Verwaltungsverfahrens der Länder verabschieden, ohne dass eine Abweichungsmöglichkeit besteht. Diese Gesetze unterliegen wieder insgesamt der Zustimmung des Bundesrates, so dass – im Ausnahmefall – wieder die alte Rechtslage gilt. Mit dem Wort „Bedürfnis" wird an die vor 1994 geltende Regelung in Art. 72 Abs. 2 GG angeknüpft, wonach im Bereich der konkurrierenden Gesetzgebung der Bund das Gesetzgebungsrecht hat, soweit ein Bedürfnis nach bundesgesetzlicher

15 BVerfGE 8, 274, 294 f.; 55, 274, 319 m.w.N.

Regelung besteht. Das Bundesverfassungsgericht hatte die Klausel ihrer Natur nach als nicht justiziabel angesehen[16].

b) Artikel 104a Abs. 4 GG

Mit der Reform wird ein neuer, wichtiger Zustimmungstatbestand in das Grundgesetz eingefügt, der dem Schutz der finanziellen Interessen der Länder dient, allerdings dem Ziel der Reduzierung der Zustimmungsquote gegenläufig sein kann. Nach Art. 104a Abs. 4 GG bedürfen Bundesgesetze, die Pflichten der Länder zur Erbringung von Geldleistungen, geldwerten Sachleistungen oder vergleichbaren Dienstleistungen gegenüber Dritten begründen und von den Ländern als eigene Angelegenheit oder nach Art. 104a Abs. 3 Satz 2 GG im Auftrag des Bundes ausgeführt werden, der Zustimmung des Bundesrates, wenn daraus entstehende Ausgaben von den Ländern zu tragen sind. Die Bestimmung wird in der Gesetzesbegründung und in der Entschließung umfassend erläutert. Gegenüber dem eingebrachten Gesetzentwurf ist sie in den Ausschussberatungen noch in zwei Punkten klargestellt worden. Ausdrücklich geregelt ist nun, dass die Bestimmung nur dann Anwendung findet, wenn die Ausgaben von den Ländern zu tragen sind, d.h., dass sie keine Anwendung findet, wenn der Bund die Ausgaben voll erstattet. Außerdem sind nun auch Pflichten zur Erbringung von „vergleichbaren Dienstleistungen“ einbezogen. Nach der Gesetzesbegründung sind dies z.B. Pflichten im Zusammenhang mit der Schaffung von Tagesbetreuungsplätzen für Kinder.

2. Abschaffung der Rahmengesetzgebung

Die Rahmengesetzgebung wird mit der Reform abgeschafft; dabei handelt es sich vielleicht um den größten Erfolg der Reform. Sie war bisher durch ihr zweistufiges Rechtsetzungsverfahren in Bund und Ländern wenig effektiv und zur Umsetzung von EU-Recht kaum tauglich. Die Verfassungsreform von 1994 hatte durch die Neuregelung von Art. 72 Abs. 2 GG und Art. 75 Abs. 2 GG erhebliche Einschränkungen der Befugnisse des Bundesgesetzgebers in diesem Bereich beschlossen. Diese Einschränkungen hatte der Gesetzgeber bis zu den Entscheidungen des Bundesverfassungsgerichts zur Juniorprofessur und zu den Studiengebühren aber wenig ernst genommen. In der Entscheidung zur Juniorprofessur stellte das Gericht fest, dass der Bundesgesetzgeber nach Art. 75 Abs. 2 GG in Einzelheiten gehende oder unmittelbar geltende Regelungen bei der Rahmengesetzge-

16 BVerfGE 2, 213, 224; 33, 224, 229; 65, 283, 289.

bung nur treffen darf, wenn diese schlechthin unerlässlich sind[17]. In der Entscheidung zu den Studiengebühren hat das Gericht bundesgesetzliche Regelungen zu Studiengebühren nach Art. 72 Abs. 2 GG für nicht erforderlich gehalten[18]. Diese, und weitere jüngere Entscheidungen des Gerichts zu Art. 72 Abs. 2 GG bedeuteten eine Gefahr der „Versteinerung" des Bundes- und Landesrechts, da der Bundesgesetzgeber nur noch sehr eingeschränkt tätig werden darf, die Landesgesetzgeber aber vor der Freigabe durch den Bundesgesetzgeber an eigener Gesetzgebung gehindert sind.

Die bisher in der Rahmengesetzgebung enthaltenen Materien werden mit der Reform neu geordnet:

- Die Kompetenz für die Regelung der Rechtsverhältnisse der Landesbediensteten wird einschließlich des Laufbahnrechts auf die Länder übertragen. Der Bund erhält aber die konkurrierende Gesetzgebungsbefugnis zur Regelung der Statusrechte und -pflichten der Landesbeamten und -richter (Art. 74 Abs. 1 Nr. 27 GG).
- Die Kompetenz für die allgemeinen Grundsätze des Hochschulwesens wird weitgehend auf die Länder übertragen; der Bund behält eine neue konkurrierende Kompetenz für die Hochschulzulassung und -abschlüsse, die mit verfassungsunmittelbaren Abweichungsrechten der Länder versehen ist (Art. 74 Abs. 1 Nr. 33, Art. 72 Abs. 3 Nr. 6 GG).
- Für die Regelung des Presserechts sind künftig allein die Länder zuständig.
- Die Kompetenzen für Jagdwesen, Naturschutz, Landschaftspflege, Bodenverteilung, Raumordnung und Wasserhaushalt werden in die konkurrierende Bundeskompetenz überführt. Die Länder können von bundesgesetzlichen Regelungen in diesen Bereichen weitgehend abweichen – ohne die sog. „abweichungsfesten Kerne" (Art. 74 Abs. 1 Nr. 28 bis 32, Art. 72 Abs. 3 Nr. 1 bis 5 GG).
- Das Melde- und Ausweiswesen und der Schutz deutschen Kulturgutes gegen Abwanderung ins Ausland werden in die ausschließliche Gesetzgebung des Bundes übernommen (Art. 73 Abs. 1 Nr. 3 und 5a GG).

---

17 BVerfGE 111, 226.
18 BVerfGE 112, 226.

3. Abweichungsgesetzgebung

Wie bereits erwähnt, erhalten die Länder mit der Reform das Recht auf zwei Gebieten vom Bundesrecht abzuweichen: Nach Art. 84 Abs. 1 Satz 2 GG können die Länder von bundesgesetzlichen Regelungen der Behördeneinrichtung und des Verwaltungsverfahrens abweichen („prozedurale Abweichungsgesetzgebung"). Nach Art. 72 Abs. 3 GG besteht diese Möglichkeit auf den Gebieten Jagdwesen, Naturschutz, Landschaftspflege, Bodenverteilung, Raumordnung, Wasserhaushalt sowie Hochschulzulassung und Hochschulabschlüsse („materielle Abweichungsgesetzgebung") – ohne die sog. „abweichungsfesten Kerne" (Recht der Jagdscheine, allgemeine Grundsätze des Naturschutzes, das Recht des Artenschutzes oder des Meeresnaturschutzes sowie stoff- oder anlagenbezogene Regelungen beim Wasserhaushalt). Damit sind die Vorschläge der Landesregierungen und Länderparlamente zur Schaffung einer „Vorranggesetzgebung" oder einer „umgekehrt konkurrierenden Gesetzgebung" insbesondere in das Verfahrensrecht sowie das Umwelt- und Hochschulrecht eingeflossen. Nach der Gesetzesbegründung gewinnen die Länder damit die Möglichkeit, eigene Konzeptionen zu verwirklichen und auf ihre unterschiedlichen strukturellen Voraussetzungen und Bedingungen zu reagieren.

Im Verhältnis von Bundes- und Landesrecht geht für beide Typen der Abweichungsgesetzgebung das jeweils spätere Gesetz vor („lex-posterior-Regel"), was, wie erwähnt, dem Bund ermöglicht, abweichendes Landesrecht „zurückzuholen". Während im ursprünglichen Gesetzentwurf für beide Typen die gleiche besondere Inkrafttretensvorschrift gelten sollte, wird als Ergebnis der Ausschussberatungen künftig differenziert: Bundesgesetze im Bereich der materiellen Abweichungsgesetzgebung nach Art. 72 Abs. 3 GG treten frühestens sechs Monate nach ihrer Verkündung in Kraft, soweit nicht mit Zustimmung des Bundesrates anderes bestimmt ist. Im Bereich der prozeduralen Abweichungsgesetzgebung nach Art. 84 Abs. 1 Satz 2 GG gilt diese Vorschrift nur für den sog. „Dritten Aufschlag", also den Fall, dass der Bund bestimmtes Landesrecht „zurückholt". Für erstmalige Bundesgesetze im Bereich der prozeduralen Abweichungsgesetzgebung gilt keine besondere Inkrafttretensvorschrift. Da Bundesgesetze bisher sehr häufig früher als sechs Monate nach ihrer Verkündung in Kraft gesetzt wurden, dürfte jedenfalls im Umwelt- und Hochschulrecht in vielen Fällen die Zustimmung des Bundesrates für vorzeitiges Inkrafttreten eingeholt werden müssen, was dem Reformziel der Reduzierung der Zustimmungsquote konträr läuft.

4. Einschränkung des Anwendungsbereichs der Erforderlichkeitsklausel in Artikel 72 Abs. 2 GG

Der Verfassungsgeber hat mit der Verfassungsreform von 1994 die Möglichkeiten des Bundes eingeschränkt, im Bereich der konkurrierenden Gesetzgebung zu regeln. Mit der Änderung von Art. 72 Abs. 2 GG durch die Reform von 1994 hat der Bund das Gesetzgebungsrecht nur, wenn und soweit die Herstellung gleichwertiger Lebensverhältnisse im Bundesgebiet oder die Wahrung der Rechts- oder Wirtschaftseinheit im gesamtstaatlichen Interesse eine bundesgesetzliche Regelung erforderlich macht. Das Bundesverfassungsgericht hat die neue Bestimmung seit der Entscheidung zum Altenpflegegesetz von 2002 in mittlerweile 6 Entscheidungen restriktiv ausgelegt und für voll justitiabel erklärt[19]. Die unbestimmten Rechtsbegriffe eröffnen der verfassungsrichterlichen Interpretation damit einen weiten Spielraum und belasten die politische Entscheidung mit hoher Ungewissheit[20]. Mit der Reform von 2006 wird der Anwendungsbereich der Klausel erheblich eingeschränkt; sie gilt nur noch für wenige Kompetenzen des Art. 74 GG, insbesondere im Ausländerrecht, bei der öffentlichen Fürsorge, dem Recht der Wirtschaft, im Lebensmittel- und im Straßenverkehrsrecht.

5. Zuständigkeiten Bundesverfassungsgericht

Liegen die Voraussetzungen der Erforderlichkeitsklausel in Art. 72 Abs. 2 GG auf Grund der Änderung der Bestimmung im Jahre 1994 oder auf Grund der Änderung tatsächlicher Verhältnisse nicht mehr vor, können die Länder bisher nur dann selbst Gesetze erlassen, wenn der Bund durch Gesetz die „Freigabe“ erteilt, also durch Bundesgesetz bestimmt wird, dass eine bundesgesetzliche Regelung durch Landesrecht ersetzt werden kann (Art. 125a Abs. 2 und Art. 72 Abs. 4 GG). Mit der Änderung des Art. 93 Abs. 2 GG werden die Zuständigkeiten des Bundesverfassungsgerichts erweitert. Ist ein Gesetzgebungsverfahren auf „Freigabe“ erfolglos, kann künftig das Bundesverfassungsgericht angerufen werden, das durch Urteil die „Freigabe“ für die Landesgesetzgebung erteilen kann. In Art. 1 des Föderalismusreform-Begleitgesetzes erfolgt eine entsprechende Änderung des Bundesverfassungsgerichtsgesetzes.

---

19 BVerfGE 106, 62; vgl. auch BVerfGE 109, 190; 110, 141; 111, 10; 111, 226; 112, 226; vgl. dazu C. Maiwald, ZRP 2006, S. 18, 20.

20 Scharpf in Kommissionsdrucksache (KOM-Drs.) 71 – neu – a, S. 2; vgl. auch Homburg in KOM-Drs. 71 – neu – b, S. 2; H. Meyer in KOM-Drs. 71 – neu – f, S. 6 ff.; sowie die Analyse der MdB Bachmeier, Kröning und Stünker in KOM-Drs. 77, in: Zur Sache 1/2005, aaO.

6. Überblick über die Verlagerung der Bundeskompetenzen

Folgende Materien werden auf die Länder verlagert:

1. Strafvollzug (einschließlich Vollzug der Untersuchungshaft, bisher Teilbereich aus Art. 74 Abs. 1 Nr. 1 GG),
2. Versammlungsrecht (bisher Teilbereich aus Art. 74 Abs. 1 Nr. 3GG),
3. Heimrecht (bisher Teilbereich aus Art. 74 Abs. 1 Nr. 7 GG),
4. Ladenschlussrecht (bisher Teilbereich aus Art. 74 Abs. 1 Nr. 11 GG),
5. Gaststättenrecht (bisher Teilbereich aus Art. 74 Abs. 1 Nr. 11 GG),
6. Spielhallen/Schaustellung von Personen (bisher Teilbereich aus Art. 74 Abs. 1 Nr. 11 GG),
7. Messen, Ausstellungen und Märkte (bisher Teilbereich aus Art. 74 Abs. 1 Nr. 11 GG),
8. Teile des Wohnungswesens (bisher Teilbereich aus Art. 74 Abs. 1 Nr. 18 GG),
9. landwirtschaftlicher Grundstücksverkehr (bisher Teilbereich aus Art. 74 Abs. 1 Nr. 18 GG),
10. landwirtschaftliches Pachtwesen (bisher Teilbereich aus Art. 74 Abs. 1 Nr. 18 GG),
11. Flurbereinigung (bisher Teilbereich aus Art. 74 Abs. 1 Nr. 18 GG),
12. Siedlungs- und Heimstättenwesen (bisher Teilbereich aus Art. 74 Abs. 1 Nr. 18 GG),
13. Schutz vor verhaltensbezogenem Lärm (bisher Teilbereich aus Art. 74 Abs. 1 Nr. 24 GG),
14. die Besoldung und Versorgung sowie das Laufbahnrecht der Landesbeamten und -richter (bisher Art. 74a GG und Teilbereich aus Art. 75 Abs. 1 Satz 1 Nr. 1 GG und aus Art. 98 Abs. 3 Satz 2 GG),
15. der Großteil des Hochschulrechts mit Ausnahme der Hochschulzulassung und Hochschulabschlüsse (bisher Art. 75 Abs. 1 Satz 1 Nr. 1a GG),
16. die allgemeinen Rechtsverhältnisse der Presse (bisher Art. 75 Abs. 1 Satz 1 Nr. 2 GG).

In die ausschließliche Gesetzgebung des Bundes werden folgende Materien übertragen:

1. Waffen- und Sprengstoffrecht (bisher Art. 74 Abs. 1 Nr. 4a GG),
2. Versorgung der Kriegsbeschädigten und Kriegshinterbliebenen und Fürsorge für die ehemaligen Kriegsgefangenen (bisher Art. 74 Abs. 1 Nr. 10 GG),
3. Erzeugung und Nutzung der Kernenergie zu friedlichen Zwecken, Errichtung und Betrieb von Anlagen, die diesen Zwecken dienen, der Schutz gegen Gefahren, die bei Freiwerden von Kernenergie oder

durch ionisierende Strahlen entstehen, und die Beseitigung radioaktiver Stoffe (bisher Art. 74 Abs. 1 Nr. 11a GG),
4. Melde- und Ausweiswesen (bisher Art. 75 Abs. 1 Satz 1 Nr. 5 GG),
5. Schutz deutschen Kulturgutes gegen Abwanderung in das Ausland (bisher Art. 75 Abs. 1 Satz 1 Nr. 6 GG).

Außerdem wird eine neue ausschließliche Bundeskompetenz zur Regelung präventiver Befugnisse des Bundeskriminalamts bei der Abwehr von Gefahren des internationalen Terrorismus geschaffen.

Daneben erfolgen in den Kompetenztiteln zum Gesundheitswesen (Art. 74 Abs. 1 Nr. 19 GG), zum Lebensmittelrecht (Art. 74 Abs. 1 Nr. 20 GG), zum Straßenwesen (Art. 74 Abs. 1 Nr. 22 GG), zur Abfallwirtschaft (Art. 74 Abs. 1 Nr. 24 GG) und zur künstlichen Erzeugung menschlichen Lebens (Art. 74 Abs. 1 Nr. 26 GG) Präzisierungen zur Vermeidung von Regelungslücken.

7. Einzelne Bundeskompetenzen

a) Umweltrecht

Im Umweltrecht bestehen künftig nach Art. 74 Abs. 1 Nr. 24 GG eine konkurrierende Bundeskompetenz für die Abfallwirtschaft, die Luftreinhaltung und die Lärmbekämpfung (ohne Schutz vor verhaltensbezogenem Lärm) ohne Abweichungsrechte sowie nach Art. 74 Abs. 1 Nr. 29 und 32 GG eine konkurrierende Bundeskompetenz für den Naturschutz, die Landschaftspflege und den Wasserhaushalt, welche nach Art. 72 Abs. 3 Nr. 2 und 5 GG – bis auf die sog. abweichungsfesten Kerne – mit Abweichungsrechten der Länder versehen ist. Ursprüngliche Forderungen, im Umweltrecht einen einheitlichen Kompetenztitel Umweltschutz zu schaffen[21], ließen sich nicht durchsetzen, so dass es bei den bereichsspezifischen Umweltkompetenzen bleibt. Immerhin kann der Bund auf Grund der Abschaffung der Rahmengesetzgebung nun in allen Bereichen unmittelbar geltende und in Einzelheiten gehende Regelungen treffen, was die Umsetzung von EU-Recht und die Schaffung eines Umweltgesetzbuches erheblich erleichtert.

b) Hochschulrecht

Mit der Reform erhalten die Länder einen Großteil der Bundeskompetenzen im Hochschulbereich. Die bisher in der Rahmengesetzgebung veran-

21 Vgl. u.a. Kloepfer, NuR 2004, S. 759, 763.

kerte Kompetenz zur Regelung der „allgemeinen Grundsätze des Hochschulwesens“ wird abgelöst durch eine konkurrierende Bundeskompetenz nur noch für die „Hochschulzulassung und -abschlüsse“, die mit einer Abweichungsbefugnis der Länder versehen ist (Art. 74 Abs. 1 Nr. 33 und Art. 72 Abs. 3 Nr. 6 GG). Wie erwähnt, war die bisher in der Rahmengesetzgebung liegende Kompetenz auf Grund der neuesten Rechtsprechung des Bundesverfassungsgerichts nur noch sehr eingeschränkt nutzbar.

Die bisherige Gemeinschaftsaufgabe Hochschulbau in Art. 91a Abs. 1 Nr. 1 GG wird abgeschafft. Die Möglichkeit des Zusammenwirkens bei Lehre und Forschung wird im neuen Art. 91b Abs. 1 GG geregelt. Der in der Beschlussempfehlung des Rechtsausschusses neu gefasste Art. 91b Abs. 1 GG klärte die letzte noch zwischen den Koalitionsfraktionen offene Frage. Danach ist nun auch eine Förderung der Wissenschaft, und damit der Lehre, möglich. Finanzhilfen im Hochschulbereich sind nach Art. 104b Abs. 1 GG für den Bund nur noch auf Gebieten zulässig, auf denen er über Gesetzgebungsbefugnisse verfügt; dies sind die Bereiche Hochschulzulassung und -abschlüsse.

c) Schulische Bildung

Schon bisher handelt es sich bei der schulischen Bildung um eine ausschließliche Länderkompetenz. Einwirkungsmöglichkeiten des Bundes über Finanzhilfen, wie z.B. ein neues Ganztagsschulprogramm, sind künftig nicht mehr zulässig, da der Bund hier nicht über Gesetzgebungskompetenzen verfügt. Einziger Bereich, in dem der Bund hier noch Aufgaben wahrnehmen kann, ist die neue Gemeinschaftsaufgabe Bildungsberichterstattung nach Art. 91b Abs. 2 GG.

d) Recht des öffentlichen Dienstes der Landesbeamten und -richter

Den Ländern werden die Kompetenzen für die Besoldung und Versorgung sowie für das Laufbahnrecht der Landesbeamten und -richter übertragen, was deren Personalhoheit stärkt. Der Bund behält eine Kompetenz für die Statusrechte und -pflichten der Landesbeamten und -richter ohne diese Bereiche, deren Ausübung der Zustimmung des Bundesrates unterliegt (Art. 74 Abs. 1 Nr. 27 und Art. 74 Abs. 2 GG). In der Gesetzesbegründung sind die Statusrechte und -pflichten wie folgt definiert:

- Wesen, Voraussetzungen, Rechtsform der Begründung, Arten, Dauer sowie Nichtigkeits- und Rücknahmegründe des Dienstverhältnisses,
- Abordnungen und Versetzungen der Beamten zwischen den Ländern und zwischen Bund und Ländern oder entsprechende Veränderungen des Richterdienstverhältnisses,

- Voraussetzungen und Formen der Beendigung des Dienstverhältnisses (vor allem Tod, Entlassung, Verlust der Beamten- und Richterrechte, Entfernung aus dem Dienst nach dem Disziplinarrecht),
- statusprägende Pflichten und Folgen der Nichterfüllung,
- wesentliche Rechte,
- Bestimmung der Dienstherrenfähigkeit,
- Spannungs- und Verteidigungsfall und
- Verwendungen im Ausland.

Die Neuverteilung der Kompetenzen in diesem Bereich betrifft eine Vielzahl von Gesetzen, so das Beamtenrechtsrahmengesetz, das Bundesbesoldungsgesetz, das Beamtenversorgungsgesetz, das Bundespersonalvertretungsgesetz und das Deutsche Richtergesetz.

e) Befugnisse des Bundeskriminalamtes

Mit der Ergänzung von Art. 73 Abs. 1 Nr. 9a GG erhält der Bund die ausschließliche Kompetenz für die Abwehr von Gefahren des internationalen Terrorismus durch das Bundeskriminalpolizeiamt in Fällen, in denen eine länderübergreifende Gefahr vorliegt, die Zuständigkeit einer Landespolizeibehörde nicht erkennbar ist oder die oberste Landesbehörde um eine Übernahme ersucht. Ihre Ausübung unterliegt nach Art. 73 Abs. 2 GG der Zustimmung des Bundesrates.

Die neue Bundeskompetenz zur Regelung präventiver Befugnisse des Bundeskriminalpolizeiamts (BKA) trägt nach der Gesetzesbegründung der besonderen Bedrohungslage im Bereich des internationalen Terrorismus Rechnung. Beispielsweise kommen zahlreiche Hinweise zum internationalen Terrorismus aus dem Ausland, ohne dass in allen Fällen bereits eine örtliche Zuständigkeit einer deutschen Polizeibehörde erkennbar sein muss, gleichwohl aber weitere Sachaufklärung veranlasst sein kann.

Bei der neuen Gesetzgebungskompetenz handelt es sich um eine ausschließliche Bundeskompetenz. Sie bezieht sich jedoch nur auf die von der neuen Nr. 9a vorausgesetzte mögliche Aufgabenwahrnehmung durch das BKA, wie sich aus dem Zusatz „durch das Bundeskriminalpolizeiamt“ ergibt. Sie lässt damit die Gesetzgebungskompetenzen der Länder zur Gefahrenabwehr unberührt; auch berührt ihre Inanspruchnahme die Zuständigkeiten von Landesbehörden auf dem Gebiet der Gefahrenabwehr nicht.

f) Wohnungswesen

Die bisherige konkurrierende Gesetzgebungskompetenz für das Wohnungswesen wird mit der Änderung von Art. 74 Abs. 1 Nr. 18 GG erheblich eingeschränkt. Es bleibt nur die Kompetenz zur Regelung des Wohngeldrechts, des Altschuldenhilferechts, des Wohnungsbauprämienrechts, des Bergarbeiterwohnungsbaurechts und des Bergmannssiedlungsrechts erhalten. Nach der Gesetzesbegründung fallen die übrigen Bereiche des Wohnungswesens, d.h. das Recht der sozialen Wohnraumförderung, der Abbau von Fehlsubventionierung im Wohnungswesen, das Wohnungsbindungsrecht, das Zweckentfremdungsrecht im Wohnungswesen sowie das Wohnungsgenossenschaftsvermögensrecht damit in die ausschließliche Gesetzgebungskompetenz der Länder. Das Föderalismusreform-Begleitgesetz enthält in den Art. 6 bis 9 und 11 Übergangsregelungen, die aus dem Wegfall der Bundeskompetenz für die soziale Wohnraumförderung resultieren.

8. Schutz der Gemeinden

Bisher konnte der Bund nach Art. 84 Abs. 1 GG mit Zustimmung des Bundesrates Gemeinden Aufgaben zuweisen. Dabei handelte sich um Regelungen der „Behördeneinrichtung". Die Gemeinden erhielten dafür keine finanzielle Kompensation. Nach Art. 84 Abs. 1 Satz 7 GG dürfen künftig durch Bundesgesetz Gemeinden und Gemeindeverbänden Aufgaben nicht übertragen werden. Aufgabenübertragungen können damit nur noch die Länder vornehmen, was die Stellung der Gemeinden stärkt, da in den meisten Landesverfassungen für diesen Fall eine Kostenerstattung vorgesehen ist („Konnexitätsprinzip"). Ursprüngliche Forderungen der Kommunalen Spitzenverbände, zusätzlich auch auf Bundesebene durch die Einführung des so verstandenen Konnexitätsprinzips geschützt zu werden, ließen sich nicht durchsetzen, waren aber auch überflüssig, da die Aufgabenübertragung künftig nicht mehr durch den Bund erfolgen darf. Die Spitzenverbände hatten außerdem die Einführung eines verfassungsrechtlichen Anhörungsrechts gefordert; auch diese Forderung ließ sich nicht durchsetzen.

Das Verbot der Aufgabenübertragung erfährt eine Reihe von Einschränkungen. So sind die Gemeinden nicht davor geschützt, dass der Bund bereits zugewiesene Aufgaben lediglich erweitert. Außerdem kann sich das Verbot nicht auf Aufgaben beziehen, die im Rahmen der kommunalen Selbstverwaltung wahrgenommen werden, da der Bund diese Aufgaben, z.B. Bauleitplanung, nicht zuweist, sondern die Kommunen diese Aufgaben bereits nach Art. 28 GG wahrzunehmen haben. Davon geht auch der Deutsche Städtetag aus[22].

9. Hauptstadt Berlin

Mit der Reform wird Art. 22 GG ergänzt. Die Regelung greift Art. 2 Abs. 1 Satz 1 des Einigungsvertrages auf. Wie sich aus der Gesetzesbegründung ergibt, hat die Bestimmung lediglich deklaratorischen Charakter, keine besonderen finanziellen Konsequenzen und berührt die Rolle Bonns nicht.

10. Vertretung Deutschlands auf EU-Ebene

Nach Art. 23 Abs. 6 Satz 1 GG besteht künftig die Verpflichtung, die Wahrnehmung der Rechte, die der Bundesrepublik Deutschland als Mitgliedstaat der Europäischen Union zustehen, vom Bund auf einen vom Bundesrat benannten Vertreter der Länder zu übertragen, wenn im Schwerpunkt ausschließliche Gesetzgebungsbefugnisse der Länder auf den Gebieten der schulischen Bildung, der Kultur oder des Rundfunks betroffen sind. Die Neuregelung tritt an die Stelle der bisherigen Soll-Vorschrift, nimmt aber nicht mehr alle ausschließlichen Länderkompetenzen in Bezug. Mit der Regelung ist gewährleistet, dass innerstaatliche Kompetenz und Vertretungskompetenz bei der EU nicht auseinanderfallen. In Art. 2 des Föderalismusreform-Begleitgesetzes erfolgt eine entsprechende Änderung des Gesetzes über die Zusammenarbeit von Bund und Ländern in Angelegenheiten der Europäischen Union.

11. Innerstaatliche Haftungsverteilung bei völkerrechtlichen Sanktionen

Art. 104a Abs. 6 GG enthält eine neue Regelung zur innerstaatlichen Verteilung der Lasten bei einer Verletzung von supranationalen oder völkerrechtlichen Verpflichtungen. Die Bestimmung wird ausgeführt durch das in Art. 15 des Föderalismusreform-Begleitgesetz enthaltene Lastentragungsgesetz.

12. Nationaler Stabilitätspakt

Art. 109 Abs. 5 GG schafft einen Nationalen Stabilitätspakt, legt also fest, dass Verpflichtungen gegenüber der Europäischen Union zur Haushalts-

22 Beschluss vom 14. September 2004.

disziplin („Maastricht-Kriterien") von Bund und Ländern gemeinsam zu erfüllen sind. Ausführungsgesetz ist das Sanktionszahlungs-Aufteilungsgesetz in Art. 14 des Föderalismusreform-Begleitgesetzes.

13. Übergangsregelungen

Das Gesetz zur Änderung des Grundgesetzes enthält in den Art. 125a, 125b, 125c und 143c GG umfangreiche und komplizierte Übergangsregelungen, die teilweise erst in der letzten Phase der Reform ausgearbeitet worden sind, für die ersten Jahre nach Inkrafttreten der Reform aber von großer Bedeutung sein werden. Hinzu kommt das in Art. 13 des Föderalismusreform-Begleitgesetzes enthaltene Entflechtungsgesetz, das Ausführungsgesetz zu Art. 143c GG ist.

a) Artikel 125a GG

Der bereits bestehende Art. 125a Abs. 1 GG wird dahingehend ergänzt, dass alle Bundeskompetenzen in Bezug genommen werden, die auf die Länder übertragen werden, so etwa auch Art. 74a GG, die bisherige Bundeskompetenz für die Besoldung und Versorgung der Landesbeamten. Das Bundesrecht gilt fort, kann aber durch Landesrecht ersetzt werden. Absatz 3 wird neu angefügt und findet Anwendung auf die neuen ausschließlichen Bundeskompetenzen für das Melde- und Ausweiswesen und den Kulturgüterschutz.

b) Artikel 125b GG

Absatz 1 enthält die Übergangsregelung für Gesetze auf Grundlage der bisherigen Rahmenkompetenzen, die in die konkurrierende Bundeskompetenz verlagert und mit Abweichungsrechten versehen sind. Grundsätzlich können die Länder sofort von den betreffenden Bundesgesetzen abweichen, im Hochschulrecht gilt das Abweichungsrecht erst ab dem 1. August 2008, im Umweltrecht erst ab dem 1. Januar 2010. Im zeitlichen Zwischenraum zwischen dem Inkrafttreten der Reform und den genannten Zeitpunkten können die Länder abweichen, sofern der Bund Änderungen am jeweiligen Gesetz vornimmt. Dann besteht eine Abweichungsbefugnis beschränkt auf die geänderten Bestimmungen.

Absatz 2 regelt die Behandlung von Regelungen der Behördeneinrichtung und des Verwaltungsverfahrens der Länder, welche nach dem Art. 84 Abs. 1 GG in der bisherigen Fassung zustande gekommen sind. Von Regelungen der Behördeneinrichtung kann sofort abgewichen werden; für Regelungen des Verwaltungsverfahrens gilt das Abweichungsrecht erst ab dem 1. Januar 2009. Im zeitlichen Zwischenraum kommt das Abweichungsrecht dann zur Anwendung, wenn der Bund die jeweiligen Regelungen ändert; dann erstreckt sich das Abweichungsrecht – anders als bei Absatz 1 – auf alle Regelungen des Verwaltungsverfahrens im jeweiligen Stammgesetz.

c) Artikel 125c GG

Art. 125c enthält Übergangsregelungen für das Recht der entfallenen Art. 91a Abs. 1 Nr. 1 GG (Wegfall Gemeinschaftsaufgabe Hochschulbau) und Art. 104a Abs. 4 GG. Das darauf gestützte Recht gilt bis Ende 2006 bzw. bis Ende 2019 fort.

d) Artikel 143c GG

Die Bestimmung enthält finanzielle Übergangsregelungen im Zusammenhang mit der Abschaffung der Gemeinschaftsaufgaben Hochschulbau und Bildungsplanung (bisherige Art. 91a Abs. 1 Nr. 1, Art. 91b Satz 1 GG) sowie dem Auslaufen der Finanzhilfen zur Verbesserung der Verkehrsverhältnisse der Gemeinden und zur sozialen Wohnraumförderung (Art. 104a Abs. 4 GG). Sie dienen nach der Gesetzesbegründung der Kompensation der Bundesmittel. Dabei erfolgt eine stufenweise Lockerung von bisherigen Zweckbindungen der Mittel. Die Befristung bis zum Jahr 2019 erfolgt vor dem Hintergrund der dann erforderlichen Neuregelung des bundesstaatlichen Finanzausgleiches insgesamt. Ausführungsgesetz ist Art. 13 des Föderalismusreform-Begleitgesetzes, das Entflechtungsgesetz.

IV. Ausblick

„Nach der Reform ist vor der Reform.“, dieser Satz gilt besonders im Bereich des deutschen Föderalismus. Nach Abschluss der Verfassungsreform von 1994 dauerte es lediglich vier Jahre, bis der Bayerische Landtag eine Enquete-Kommission zur weiteren Reform des Föderalismus einsetzte. Es ist unschwer zu prognostizieren, dass im Zusammenhang mit der aktuellen Reform bereits früher weitere Arbeiten beginnen werden. So existiert bereits eine Themensammlung für die 2. Stufe der Föderalismusreform[23], die sich vor allem mit der Finanzverfassung befassen soll. Daneben sollten nach einer gewissen Anfangszeit die Erfahrungen mit den neuen Elementen der Reform untersucht werden, insbesondere, ob es tatsächlich zur Reduzierung der Zustimmungsquote im Bundesrat gekommen ist und wie sich die Abweichungsgesetzgebung bewährt hat.

23 Vgl. BT-Drs. 16/2052, Anlage.

Grundgesetz[1]
für die Bundesrepublik Deutschland

Grundgesetz für die Bundesrepublik Deutschland in der im Bundesgesetzblatt Teil III, Gliederungsnummer 100-1, veröffentlichten bereinigten Fassung, zuletzt geändert durch Artikel 1 des Gesetzes vom 28. September 2006 (BGBl. I S. 2034)

Eingangsformel

Der Parlamentarische Rat hat am 23. Mai 1949 in Bonn am Rhein in öffentlicher Sitzung festgestellt, daß das am 8. Mai des Jahres 1949 vom Parlamentarischen Rat beschlossene Grundgesetz für die Bundesrepublik Deutschland in der Woche vom 16. bis 22. Mai 1949 durch die Volksvertretungen von mehr als Zweidritteln der beteiligten deutschen Länder angenommen worden ist.

Auf Grund dieser Feststellung hat der Parlamentarische Rat, vertreten durch seine Präsidenten, das Grundgesetz ausgefertigt und verkündet.

Das Grundgesetz wird hiermit gemäß Artikel 145 Abs. 3 im Bundesgesetzblatt veröffentlicht:

Präambel

Im Bewußtsein seiner Verantwortung vor Gott und den Menschen, von dem Willen beseelt, als gleichberechtigtes Glied in einem vereinten Europa dem Frieden der Welt zu dienen, hat sich das Deutsche Volk kraft seiner verfassungsgebenden Gewalt dieses Grundgesetz gegeben.

Die Deutschen in den Ländern Baden-Württemberg, Bayern, Berlin, Brandenburg, Bremen, Hamburg, Hessen, Mecklenburg-Vorpommern, Niedersachsen, Nordrhein-Westfalen, Rheinland-Pfalz, Saarland, Sachsen, Sachsen-Anhalt, Schleswig-Holstein und Thüringen haben in freier Selbstbestimmung die Einheit und Freiheit Deutschlands vollendet. Damit gilt dieses Grundgesetz für das gesamte Deutsche Volk.

---

1 Die im Gesetz zur Änderung des Grundgesetzes (Artikel 22, 23, 33, 52, 72, 73, 74, 74a, 75, 84, 85, 87c, 91a, 91b, 93, 98, 104a, 104b, 105, 107, 109, 125a, 125b, 125c, 143c) vom 28. September (BGBl. I S. 2034) enthaltenen Änderungen sind kursiv gedruckt.

I. Die Grundrechte

Art. 1 [Menschenwürde; Grundrechtsbindung der staatlichen Gewalt]

(1) Die Würde des Menschen ist unantastbar. Sie zu achten und zu schützen ist Verpflichtung aller staatlichen Gewalt.

(2) Das Deutsche Volk bekennt sich darum zu unverletzlichen und unveräußerlichen Menschenrechten als Grundlage jeder menschlichen Gemeinschaft, des Friedens und der Gerechtigkeit in der Welt.

(3) Die nachfolgenden Grundrechte binden Gesetzgebung, vollziehende Gewalt und Rechtsprechung als unmittelbar geltendes Recht.

Art. 2 [Allgemeine Handlungsfreiheit; Freiheit der Person; Recht auf Leben]

(1) Jeder hat das Recht auf die freie Entfaltung seiner Persönlichkeit, soweit er nicht die Rechte anderer verletzt und nicht gegen die verfassungsmäßige Ordnung oder das Sittengesetz verstößt.

(2) Jeder hat das Recht auf Leben und körperliche Unversehrtheit. Die Freiheit der Person ist unverletzlich. In diese Rechte darf nur auf Grund eines Gesetzes eingegriffen werden.

Art. 3 [Gleichheit vor dem Gesetz; Gleichberechtigung von Männern und Frauen; Diskriminierungsverbot]

(1) Alle Menschen sind vor dem Gesetz gleich.

(2) Männer und Frauen sind gleichberechtigt. Der Staat fördert die tatsächliche Durchsetzung der Gleichberechtigung von Frauen und Männern und wirkt auf die Beseitigung bestehender Nachteile hin.

(3) Niemand darf wegen seines Geschlechtes, seiner Abstammung, seiner Rasse, seiner Sprache, seiner Heimat und Herkunft, seines Glaubens, seiner religiösen oder politischen Anschauungen benachteiligt oder bevorzugt werden. Niemand darf wegen seiner Behinderung benachteiligt werden.

Art. 4 [Glaubens-, Gewissens- und Bekenntnisfreiheit]

(1) Die Freiheit des Glaubens, des Gewissens und die Freiheit des religiösen und weltanschaulichen Bekenntnisses sind unverletzlich.

(2) Die ungestörte Religionsausübung wird gewährleistet.

(3) Niemand darf gegen sein Gewissen zum Kriegsdienst mit der Waffe gezwungen werden. Das Nähere regelt ein Bundesgesetz.

Art. 5 [Meinungs-, Informations-, Pressefreiheit; Kunst und Wissenschaft]

(1) Jeder hat das Recht, seine Meinung in Wort, Schrift und Bild frei zu äußern und zu verbreiten und sich aus allgemein zugänglichen Quellen ungehindert zu unterrichten. Die Pressefreiheit und die Freiheit der Berichterstattung durch Rundfunk und Film werden gewährleistet. Eine Zensur findet nicht statt.

(2) Diese Rechte finden ihre Schranken in den Vorschriften der allgemeinen Gesetze, den gesetzlichen Bestimmungen zum Schutze der Jugend und in dem Recht der persönlichen Ehre.

(3) Kunst und Wissenschaft, Forschung und Lehre sind frei. Die Freiheit der Lehre entbindet nicht von der Treue zur Verfassung.

Art. 6 [Ehe und Familie; nichteheliche Kinder]

(1) Ehe und Familie stehen unter dem besonderen Schutze der staatlichen Ordnung.

(2) Pflege und Erziehung der Kinder sind das natürliche Recht der Eltern und die zuvörderst ihnen obliegende Pflicht. Über ihre Betätigung wacht die staatliche Gemeinschaft.

(3) Gegen den Willen der Erziehungsberechtigten dürfen Kinder nur auf Grund eines Gesetzes von der Familie getrennt werden, wenn die Erziehungsberechtigten versagen oder wenn die Kinder aus anderen Gründen zu verwahrlosen drohen.

(4) Jede Mutter hat Anspruch auf den Schutz und die Fürsorge der Gemeinschaft.

(5) Den unehelichen Kindern sind durch die Gesetzgebung die gleichen Bedingungen für ihre leibliche und seelische Entwicklung und ihre Stellung in der Gesellschaft zu schaffen wie den ehelichen Kindern.

Art. 7 [Schulwesen]

(1) Das gesamte Schulwesen steht unter der Aufsicht des Staates.

(2) Die Erziehungsberechtigten haben das Recht, über die Teilnahme des Kindes am Religionsunterricht zu bestimmen.

(3) Der Religionsunterricht ist in den öffentlichen Schulen mit Ausnahme der bekenntnisfreien Schulen ordentliches Lehrfach. Unbeschadet des staatlichen Aufsichtsrechtes wird der Religionsunterricht in Übereinstimmung mit den Grundsätzen der Religionsgemeinschaften erteilt. Kein Lehrer darf gegen seinen Willen verpflichtet werden, Religionsunterricht zu erteilen.

(4) Das Recht zur Errichtung von privaten Schulen wird gewährleistet. Private Schulen als Ersatz für öffentliche Schulen bedürfen der Genehmigung des Staates und unterstehen den Landesgesetzen. Die Genehmigung ist zu erteilen, wenn die privaten Schulen in ihren Lehrzielen und Einrichtungen sowie in der wissenschaftlichen Ausbildung ihrer Lehrkräfte nicht hinter den öffentlichen Schulen zurückstehen und eine Sonderung der Schüler nach den Besitzverhältnissen der Eltern nicht gefördert wird. Die Genehmigung ist zu versagen, wenn die wirtschaftliche und rechtliche Stellung der Lehrkräfte nicht genügend gesichert ist.

(5) Eine private Volksschule ist nur zuzulassen, wenn die Unterrichtsverwaltung ein besonderes pädagogisches Interesse anerkennt oder, auf Antrag von Erziehungsberechtigten, wenn sie als Gemeinschaftsschule, als Bekenntnis- oder Weltanschauungsschule errichtet werden soll und eine öffentliche Volksschule dieser Art in der Gemeinde nicht besteht.

(6) Vorschulen bleiben aufgehoben.

Art. 8 [Versammlungsfreiheit]

(1) Alle Deutschen haben das Recht, sich ohne Anmeldung oder Erlaubnis friedlich und ohne Waffen zu versammeln.

(2) Für Versammlungen unter freiem Himmel kann dieses Recht durch Gesetz oder auf Grund eines Gesetzes beschränkt werden.

Art. 9 [Vereinigungs-, Koalitionsfreiheit]

(1) Alle Deutschen haben das Recht, Vereine und Gesellschaften zu bilden.

(2) Vereinigungen, deren Zwecke oder deren Tätigkeit den Strafgesetzen zuwiderlaufen oder die sich gegen die verfassungsmäßige Ordnung oder gegen den Gedanken der Völkerverständigung richten, sind verboten.

(3) Das Recht, zur Wahrung und Förderung der Arbeits- und Wirtschaftsbedingungen Vereinigungen zu bilden, ist für jedermann und für alle Berufe gewährleistet. Abreden, die dieses Recht einschränken oder zu behindern suchen, sind nichtig, hierauf gerichtete Maßnahmen sind rechtswidrig. Maßnahmen nach den Artikeln 12a, 35 Abs. 2 und 3, Artikel 87a Abs. 4 und Artikel 91 dürfen sich nicht gegen Arbeitskämpfe richten, die zur Wahrung und Förderung der Arbeits- und Wirtschaftsbedingungen von Vereinigungen im Sinne des Satzes 1 geführt werden.

Art. 10 [Brief-, Post- und Fernmeldegeheimnis]

(1) Das Briefgeheimnis sowie das Post- und Fernmeldegeheimnis sind unverletzlich.

(2) Beschränkungen dürfen nur auf Grund eines Gesetzes angeordnet werden. Dient die Beschränkung dem Schutze der freiheitlichen demokratischen Grundordnung oder des Bestandes oder der Sicherung des Bundes oder eines Landes, so kann das Gesetz bestimmen, daß sie dem Betroffenen nicht mitgeteilt wird und daß an die Stelle des Rechtsweges die Nachprüfung durch von der Volksvertretung bestellte Organe und Hilfsorgane tritt.

Art. 11 [Freizügigkeit]

(1) Alle Deutschen genießen Freizügigkeit im ganzen Bundesgebiet.

(2) Dieses Recht darf nur durch Gesetz oder auf Grund eines Gesetzes und nur für die Fälle eingeschränkt werden, in denen eine ausreichende Lebensgrundlage nicht vorhanden ist und der Allgemeinheit daraus besondere Lasten entstehen würden oder in denen es zur Abwehr einer drohenden Gefahr für den Bestand oder die freiheitliche demokratische Grundordnung des Bundes oder eines Landes, zur Bekämpfung von Seuchengefahr, Naturkatastrophen oder besonders schweren Unglücksfällen, zum Schutze der Jugend vor Verwahrlosung oder um strafbaren Handlungen vorzubeugen, erforderlich ist.

Art. 12 [Berufsfreiheit]

(1) Alle Deutschen haben das Recht, Beruf, Arbeitsplatz und Ausbildungsstätte frei zu wählen. Die Berufsausübung kann durch Gesetz oder auf Grund eines Gesetzes geregelt werden.

(2) Niemand darf zu einer bestimmten Arbeit gezwungen werden, außer im Rahmen einer herkömmlichen allgemeinen, für alle gleichen öffentlichen Dienstleistungspflicht.

(3) Zwangsarbeit ist nur bei einer gerichtlich angeordneten Freiheitsentziehung zulässig.

Art. 12a [Wehr- und Dienstpflicht]

(1) Männer können vom vollendeten achtzehnten Lebensjahr an zum Dienst in den Streitkräften, im Bundesgrenzschutz oder in einem Zivilschutzverband verpflichtet werden.

(2) Wer aus Gewissensgründen den Kriegsdienst mit der Waffe verweigert, kann zu einem Ersatzdienst verpflichtet werden. Die Dauer des Ersatzdienstes darf die Dauer des Wehrdienstes nicht übersteigen. Das Nähere regelt ein Gesetz, das die Freiheit der Gewissensentscheidung nicht beeinträchtigen darf und auch eine Möglichkeit des Ersatzdienstes vorsehen muß, die in keinem Zusammenhang mit den Verbänden der Streitkräfte und des Bundesgrenzschutzes steht.

(3) Wehrpflichtige, die nicht zu einem Dienst nach Absatz 1 oder 2 herangezogen sind, können im Verteidigungsfalle durch Gesetz oder auf Grund eines Gesetzes zu zivilen Dienstleistungen für Zwecke der Verteidigung einschließlich des Schutzes der Zivilbevölkerung in Arbeitsverhältnisse verpflichtet werden; Verpflichtungen in öffentlich-rechtliche Dienstverhältnisse sind nur zur Wahrnehmung polizeilicher Aufgaben oder solcher hoheitlichen Aufgaben der öffentlichen Verwaltung, die nur in einem öffentlich-rechtlichen Dienstverhältnis erfüllt werden können, zulässig. Arbeitsverhältnisse nach Satz 1 können bei den Streitkräften, im Bereich ihrer Versorgung sowie bei der öffentlichen Verwaltung begründet werden; Verpflichtungen in Arbeitsverhältnisse im Bereiche der Versorgung der Zivilbevölkerung sind nur zulässig, um ihren lebensnotwendigen Bedarf zu decken oder ihren Schutz sicherzustellen.

(4) Kann im Verteidigungsfalle der Bedarf an zivilen Dienstleistungen im zivilen Sanitäts- und Heilwesen sowie in der ortsfesten militärischen Lazarettorganisation nicht auf freiwilliger Grundlage gedeckt werden, so können Frauen vom vollendeten achtzehnten bis zum vollendeten fünfundfünfzigsten Lebensjahr durch Gesetz oder auf Grund eines Gesetzes zu derartigen Dienstleistungen herangezogen werden. Sie dürfen auf keinen Fall zum Dienst mit der Waffe verpflichtet werden.

(5) Für die Zeit vor dem Verteidigungsfalle können Verpflichtungen nach Absatz 3 nur nach Maßgabe des Artikels 80a Abs. 1 begründet werden. Zur Vorbereitung auf Dienstleistungen nach Absatz 3, für die besondere Kenntnisse oder Fertigkeiten erforderlich sind, kann durch Gesetz oder auf Grund eines Gesetzes die Teilnahme an Ausbildungsveranstaltungen zur Pflicht gemacht werden. Satz 1 findet insoweit keine Anwendung.

(6) Kann im Verteidigungsfalle der Bedarf an Arbeitskräften für die in Absatz 3 Satz 2 genannten Bereiche auf freiwilliger Grundlage nicht gedeckt werden, so kann zur Sicherung dieses Bedarfs die Freiheit der Deutschen, die Ausübung eines Berufs oder den Arbeitsplatz aufzugeben, durch Gesetz oder auf Grund eines Gesetzes eingeschränkt werden. Vor Eintritt des Verteidigungsfalles gilt Absatz 5 Satz 1 entsprechend.

Art. 13 [Unverletzlichkeit der Wohnung]

(1) Die Wohnung ist unverletzlich.

(2) Durchsuchungen dürfen nur durch den Richter, bei Gefahr im Verzuge auch durch die in den Gesetzen vorgesehenen anderen Organe angeordnet und nur in der dort vorgeschriebenen Form durchgeführt werden.

(3) Begründen bestimmte Tatsachen den Verdacht, daß jemand eine durch Gesetz einzeln bestimmte besonders schwere Straftat begangen hat, so dürfen zur Verfolgung der Tat auf Grund richterlicher Anordnung technische Mittel zur akustischen Überwachung von Wohnungen, in denen der Beschuldigte sich vermutlich aufhält, eingesetzt werden, wenn die Erforschung des Sachverhalts auf andere Weise unverhältnismäßig erschwert oder aussichtslos wäre. Die Maßnahme ist zu befristen. Die Anordnung erfolgt durch einen mit drei Richtern besetzten Spruchkörper. Bei Gefahr im Verzuge kann sie auch durch einen einzelnen Richter getroffen werden.

(4) Zur Abwehr dringender Gefahren für die öffentliche Sicherheit, insbesondere einer gemeinen Gefahr oder einer Lebensgefahr, dürfen technische Mittel zur Überwachung von Wohnungen nur auf Grund richterlicher Anordnung eingesetzt werden. Bei Gefahr im Verzuge kann die Maßnahme auch durch eine andere gesetzlich bestimmte Stelle angeordnet werden; eine richterliche Entscheidung ist unverzüglich nachzuholen.

(5) Sind technische Mittel ausschließlich zum Schutze der bei einem Einsatz in Wohnungen tätigen Personen vorgesehen, kann die Maßnahme durch eine gesetzlich bestimmte Stelle angeordnet werden. Eine anderweitige Verwertung der hierbei erlangten Erkenntnisse ist nur zum Zwek-

ke der Strafverfolgung oder der Gefahrenabwehr und nur zulässig, wenn zuvor die Rechtmäßigkeit der Maßnahme richterlich festgestellt ist; bei Gefahr im Verzuge ist die richterliche Entscheidung unverzüglich nachzuholen.

(6) Die Bundesregierung unterrichtet den Bundestag jährlich über den nach Absatz 3 sowie über den im Zuständigkeitsbereich des Bundes nach Absatz 4 und, soweit richterlich überprüfungsbedürftig, nach Absatz 5 erfolgten Einsatz technischer Mittel. Ein vom Bundestag gewähltes Gremium übt auf der Grundlage dieses Berichts die parlamentarische Kontrolle aus. Die Länder gewährleisten eine gleichwertige parlamentarische Kontrolle.

(7) Eingriffe und Beschränkungen dürfen im übrigen nur zur Abwehr einer gemeinen Gefahr oder einer Lebensgefahr für einzelne Personen, auf Grund eines Gesetzes auch zur Verhütung dringender Gefahren für die öffentliche Sicherheit und Ordnung, insbesondere zur Behebung der Raumnot, zur Bekämpfung von Seuchengefahr oder zum Schutze gefährdeter Jugendlicher vorgenommen werden.

Art. 14 [Eigentum, Erbrecht, Enteignung]

(1) Das Eigentum und das Erbrecht werden gewährleistet. Inhalt und Schranken werden durch die Gesetze bestimmt.

(2) Eigentum verpflichtet. Sein Gebrauch soll zugleich dem Wohle der Allgemeinheit dienen.

(3) Eine Enteignung ist nur zum Wohle der Allgemeinheit zulässig. Sie darf nur durch Gesetz oder auf Grund eines Gesetzes erfolgen, das Art und Ausmaß der Entschädigung regelt. Die Entschädigung ist unter gerechter Abwägung der Interessen der Allgemeinheit und der Beteiligten zu bestimmen. Wegen der Höhe der Entschädigung steht im Streitfalle der Rechtsweg vor den ordentlichen Gerichten offen.

Art. 15 [Sozialisierung]

Grund und Boden, Naturschätze und Produktionsmittel können zum Zwecke der Vergesellschaftung durch ein Gesetz, das Art und Ausmaß der Entschädigung regelt, in Gemeineigentum oder in andere Formen der Gemeinwirtschaft überführt werden. Für die Entschädigung gilt Artikel 14 Abs. 3 Satz 3 und 4 entsprechend.

Art. 16 [Verbot der Ausbürgerung, Auslieferung]

(1) Die deutsche Staatsangehörigkeit darf nicht entzogen werden. Der Verlust der Staatsangehörigkeit darf nur auf Grund eines Gesetzes und gegen den Willen des Betroffenen nur dann eintreten, wenn der Betroffene dadurch nicht staatenlos wird.

(2) Kein Deutscher darf an das Ausland ausgeliefert werden. Durch Gesetz kann eine abweichende Regelung für Auslieferungen an einen Mitgliedstaat der Europäischen Union oder an einen internationalen Gerichtshof getroffen werden, soweit rechtsstaatliche Grundsätze gewahrt sind.

Art. 16a [Asylrecht]

(1) Politisch Verfolgte genießen Asylrecht.

(2) Auf Absatz 1 kann sich nicht berufen, wer aus einem Mitgliedstaat der Europäischen Gemeinschaften oder aus einem anderen Drittstaat einreist, in dem die Anwendung des Abkommens über die Rechtsstellung der Flüchtlinge und der Konvention zum Schutze der Menschenrechte und Grundfreiheiten sichergestellt ist. Die Staaten außerhalb der Europäischen Gemeinschaften, auf die die Voraussetzungen des Satzes 1 zutreffen, werden durch Gesetz, das der Zustimmung des Bundesrates bedarf, bestimmt. In den Fällen des Satzes 1 können aufenthaltsbeendende Maßnahmen unabhängig von einem hiergegen eingelegten Rechtsbehelf vollzogen werden.

(3) Durch Gesetz, das der Zustimmung des Bundesrates bedarf, können Staaten bestimmt werden, bei denen auf Grund der Rechtslage, der Rechtsanwendung und der allgemeinen politischen Verhältnisse gewährleistet erscheint, daß dort weder politische Verfolgung noch unmenschliche oder erniedrigende Bestrafung oder Behandlung stattfindet. Es wird vermutet, daß ein Ausländer aus einem solchen Staat nicht verfolgt wird, solange er nicht Tatsachen vorträgt, die die Annahme begründen, daß er entgegen dieser Vermutung politisch verfolgt wird.

(4) Die Vollziehung aufenthaltsbeendender Maßnahmen wird in den Fällen des Absatzes 3 und in anderen Fällen, die offensichtlich unbegründet sind oder als offensichtlich unbegründet gelten, durch das Gericht nur ausgesetzt, wenn ernstliche Zweifel an der Rechtmäßigkeit der Maßnahme bestehen; der Prüfungsumfang kann eingeschränkt werden und verspätetes Vorbringen unberücksichtigt bleiben. Das Nähere ist durch Gesetz zu bestimmen.

(5) Die Absätze 1 bis 4 stehen völkerrechtlichen Verträgen von Mitgliedstaaten der Europäischen Gemeinschaften untereinander und mit dritten Staaten nicht entgegen, die unter Beachtung der Verpflichtungen aus dem Abkommen über die Rechtsstellung der Flüchtlinge und der Konvention zum Schutze der Menschenrechte und Grundfreiheiten, deren Anwendung in den Vertragsstaaten sichergestellt sein muß, Zuständigkeitsregelungen für die Prüfung von Asylbegehren einschließlich der gegenseitigen Anerkennung von Asylentscheidungen treffen.

Art. 17 [Petitionsrecht]

Jedermann hat das Recht, sich einzeln oder in Gemeinschaft mit anderen schriftlich mit Bitten oder Beschwerden an die zuständigen Stellen und an die Volksvertretung zu wenden.

Art. 17a [Grundrechtsbeschränkungen im Wehrbereich]

(1) Gesetze über Wehrdienst und Ersatzdienst können bestimmen, daß für die Angehörigen der Streitkräfte und des Ersatzdienstes während der Zeit des Wehr- oder Ersatzdienstes das Grundrecht, seine Meinung in Wort, Schrift und Bild frei zu äußern und zu verbreiten (Artikel 5 Abs. 1 Satz 1 erster Halbsatz), das Grundrecht der Versammlungsfreiheit (Artikel 8) und das Petitionsrecht (Artikel 17), soweit es das Recht gewährt, Bitten oder Beschwerden in Gemeinschaft mit anderen vorzubringen, eingeschränkt werden.

(2) Gesetze, die der Verteidigung einschließlich des Schutzes der Zivilbevölkerung dienen, können bestimmen, daß die Grundrechte der Freizügigkeit (Artikel 11) und der Unverletzlichkeit der Wohnung (Artikel 13) eingeschränkt werden.

Art. 18 [Verwirkung von Grundrechten]

Wer die Freiheit der Meinungsäußerung, insbesondere die Pressefreiheit (Artikel 5 Abs. 1), die Lehrfreiheit (Artikel 5 Abs. 3), die Versammlungsfreiheit (Artikel 8), die Vereinigungsfreiheit (Artikel 9), das Brief-, Post- und Fernmeldegeheimnis (Artikel 10), das Eigentum (Artikel 14) oder das Asylrecht (Artikel 16a) zum Kampfe gegen die freiheitliche demokratische Grundordnung mißbraucht, verwirkt diese Grundrechte. Die Verwirkung und ihr Ausmaß werden durch das Bundesverfassungsgericht ausgesprochen.

Art. 19 [Einschränkung von Grundrechten; Wesensgehalts-, Rechtswegegarantie]

(1) Soweit nach diesem Grundgesetz ein Grundrecht durch Gesetz oder auf Grund eines Gesetzes eingeschränkt werden kann, muß das Gesetz allgemein und nicht nur für den Einzelfall gelten. Außerdem muß das Gesetz das Grundrecht unter Angabe des Artikels nennen.

(2) In keinem Falle darf ein Grundrecht in seinem Wesensgehalt angetastet werden.

(3) Die Grundrechte gelten auch für inländische juristische Personen, soweit sie ihrem Wesen nach auf diese anwendbar sind.

(4) Wird jemand durch die öffentliche Gewalt in seinen Rechten verletzt, so steht ihm der Rechtsweg offen. Soweit eine andere Zuständigkeit nicht begründet ist, ist der ordentliche Rechtsweg gegeben. Artikel 10 Abs. 2 Satz 2 bleibt unberührt.

II. Der Bund und die Länder

Art. 20 [Staatsstrukturprinzipien; Widerstandsrecht]

(1) Die Bundesrepublik Deutschland ist ein demokratischer und sozialer Bundesstaat.

(2) Alle Staatsgewalt geht vom Volke aus. Sie wird vom Volke in Wahlen und Abstimmungen und durch besondere Organe der Gesetzgebung, der vollziehenden Gewalt und der Rechtsprechung ausgeübt.

(3) Die Gesetzgebung ist an die verfassungsmäßige Ordnung, die vollziehende Gewalt und die Rechtsprechung sind an Gesetz und Recht gebunden.

(4) Gegen jeden, der es unternimmt, diese Ordnung zu beseitigen, haben alle Deutschen das Recht zum Widerstand, wenn andere Abhilfe nicht möglich ist.

Art. 20a [Schutz der natürlichen Lebensgrundlagen; Tierschutz]

Der Staat schützt auch in Verantwortung für die künftigen Generationen die natürlichen Lebensgrundlagen und die Tiere im Rahmen der verfassungsmäßigen Ordnung durch die Gesetzgebung und nach Maßgabe von Gesetz und Recht durch die vollziehende Gewalt und die Rechtsprechung.

Art. 21 [Parteien]

(1) Die Parteien wirken bei der politischen Willensbildung des Volkes mit. Ihre Gründung ist frei. Ihre innere Ordnung muß demokratischen Grundsätzen entsprechen. Sie müssen über die Herkunft und Verwendung ihrer Mittel sowie über ihr Vermögen öffentlich Rechenschaft geben.

(2) Parteien, die nach ihren Zielen oder nach dem Verhalten ihrer Anhänger darauf ausgehen, die freiheitliche demokratische Grundordnung zu beeinträchtigen oder zu beseitigen oder den Bestand der Bundesrepublik Deutschland zu gefährden, sind verfassungswidrig. Über die Frage der Verfassungswidrigkeit entscheidet das Bundesverfassungsgericht.

(3) Das Nähere regeln Bundesgesetze.

Art. 22 [*Hauptstadt*; Bundesflagge]

(1) Die Hauptstadt der Bundesrepublik Deutschland ist Berlin. Die Repräsentation des Gesamtstaates in der Hauptstadt ist Aufgabe des Bundes. Das Nähere wird durch Bundesgesetz geregelt.

(2) Die Bundesflagge ist schwarz-rot-gold.

Art. 23 [Europäische Union]

(1) Zur Verwirklichung eines vereinten Europas wirkt die Bundesrepublik Deutschland bei der Entwicklung der Europäischen Union mit, die demokratischen, rechtsstaatlichen, sozialen und föderativen Grundsätzen und dem Grundsatz der Subsidiarität verpflichtet ist und einen diesem Grundgesetz im wesentlichen vergleichbaren Grundrechtsschutz gewährleistet. Der Bund kann hierzu durch Gesetz mit Zustimmung des Bundesrates Hoheitsrechte übertragen. Für die Begründung der Europäischen Union sowie für Änderungen ihrer vertraglichen Grundlagen und vergleichbare Regelungen, durch die dieses Grundgesetz seinem Inhalt nach geändert oder ergänzt wird oder solche Änderungen oder Ergänzungen ermöglicht werden, gilt Artikel 79 Abs. 2 und 3.

(2) In Angelegenheiten der Europäischen Union wirken der Bundestag und durch den Bundesrat die Länder mit. Die Bundesregierung hat den Bundestag und den Bundesrat umfassend und zum frühestmöglichen Zeitpunkt zu unterrichten.

(3) Die Bundesregierung gibt dem Bundestag Gelegenheit zur Stellungnahme vor ihrer Mitwirkung an Rechtsetzungsakten der Europäischen

Union. Die Bundesregierung berücksichtigt die Stellungnahme des Bundestages bei den Verhandlungen. Das Nähere regelt ein Gesetz.

(4) Der Bundesrat ist an der Willensbildung des Bundes zu beteiligen, soweit er an einer entsprechenden innerstaatlichen Maßnahme mitzuwirken hätte oder soweit die Länder innerstaatlich zuständig wären.

(5) Soweit in einem Bereich ausschließlicher Zuständigkeiten des Bundes Interessen der Länder berührt sind oder soweit im übrigen der Bund das Recht zur Gesetzgebung hat, berücksichtigt die Bundesregierung die Stellungnahme des Bundesrates. Wenn im Schwerpunkt Gesetzgebungsbefugnisse der Länder, die Einrichtung ihrer Behörden oder ihre Verwaltungsverfahren betroffen sind, ist bei der Willensbildung des Bundes insoweit die Auffassung des Bundesrates maßgeblich zu berücksichtigen; dabei ist die gesamtstaatliche Verantwortung des Bundes zu wahren. In Angelegenheiten, die zu Ausgabenerhöhungen oder Einnahmeminderungen für den Bund führen können, ist die Zustimmung der Bundesregierung erforderlich.

(6) *Wenn im Schwerpunkt ausschließliche Gesetzgebungsbefugnisse der Länder auf den Gebieten der schulischen Bildung, der Kultur oder des Rundfunks betroffen sind, wird die Wahrnehmung der Rechte, die der Bundesrepublik Deutschland als Mitgliedstaat der Europäischen Union zustehen, vom Bund auf einen vom Bundesrat benannten Vertreter der Länder übertragen.* Die Wahrnehmung der Rechte erfolgt unter Beteiligung und in Abstimmung mit der Bundesregierung; dabei ist die gesamtstaatliche Verantwortung des Bundes zu wahren.

(7) Das Nähere zu den Absätzen 4 bis 6 regelt ein Gesetz, das der Zustimmung des Bundesrates bedarf.

Art. 24 [Übertragung von Hoheitsrechten auf zwischenstaatliche Einrichtungen]

(1) Der Bund kann durch Gesetz Hoheitsrechte auf zwischenstaatliche Einrichtungen übertragen.

(1a) Soweit die Länder für die Ausübung der staatlichen Befugnisse und die Erfüllung der staatlichen Aufgaben zuständig sind, können sie mit Zustimmung der Bundesregierung Hoheitsrechte auf grenznachbarschaftliche Einrichtungen übertragen.

(2) Der Bund kann sich zur Wahrung des Friedens einem System gegenseitiger kollektiver Sicherheit einordnen; er wird hierbei in die Beschränkungen seiner Hoheitsrechte einwilligen, die eine friedliche und

dauerhafte Ordnung in Europa und zwischen den Völkern der Welt herbeiführen und sichern.

(3) Zur Regelung zwischenstaatlicher Streitigkeiten wird der Bund Vereinbarungen über eine allgemeine, umfassende, obligatorische, internationale Schiedsgerichtsbarkeit beitreten.

Art. 25 [Völkerrecht]

Die allgemeinen Regeln des Völkerrechtes sind Bestandteil des Bundesrechtes. Sie gehen den Gesetzen vor und erzeugen Rechte und Pflichten unmittelbar für die Bewohner des Bundesgebietes.

Art. 26 [Verbot der Vorbereitung eines Angriffskrieges; Kriegswaffenkontrolle]

(1) Handlungen, die geeignet sind und in der Absicht vorgenommen werden, das friedliche Zusammenleben der Völker zu stören, insbesondere die Führung eines Angriffskrieges vorzubereiten, sind verfassungswidrig. Sie sind unter Strafe zu stellen.

(2) Zur Kriegsführung bestimmte Waffen dürfen nur mit Genehmigung der Bundesregierung hergestellt, befördert und in Verkehr gebracht werden. Das Nähere regelt ein Bundesgesetz.

Art. 27 [Handelsflotte]

Alle deutschen Kauffahrteischiffe bilden eine einheitliche Handelsflotte.

Art. 28 [Verfassungsmäßige Ordnung in den Ländern (Homogenitätsgebot); Gewährleistung der kommunalen Selbstverwaltung]

(1) Die verfassungsmäßige Ordnung in den Ländern muß den Grundsätzen des republikanischen, demokratischen und sozialen Rechtsstaates im Sinne dieses Grundgesetzes entsprechen. In den Ländern, Kreisen und Gemeinden muß das Volk eine Vertretung haben, die aus allgemeinen, unmittelbaren, freien, gleichen und geheimen Wahlen hervorgegangen ist. Bei Wahlen in Kreisen und Gemeinden sind auch Personen, die die Staatsangehörigkeit eines Mitgliedstaates der Europäischen Gemeinschaft besitzen, nach Maßgabe von Recht der Europäischen Gemeinschaft wahlberechtigt und wählbar. In Gemeinden kann an die Stelle einer gewählten Körperschaft die Gemeindeversammlung treten.

(2) Den Gemeinden muß das Recht gewährleistet sein, alle Angelegenheiten der örtlichen Gemeinschaft im Rahmen der Gesetze in eigener Verantwortung zu regeln. Auch die Gemeindeverbände haben im Rahmen ihres gesetzlichen Aufgabenbereiches nach Maßgabe der Gesetze das Recht der Selbstverwaltung. Die Gewährleistung der Selbstverwaltung umfaßt auch die Grundlagen der finanziellen Eigenverantwortung; zu diesen Grundlagen gehört eine den Gemeinden mit Hebesatzrecht zustehende wirtschaftskraftbezogene Steuerquelle.

(3) Der Bund gewährleistet, daß die verfassungsmäßige Ordnung der Länder den Grundrechten und den Bestimmungen der Absätze 1 und 2 entspricht.

Art. 29 [Neugliederung des Bundesgebiets]

(1) Das Bundesgebiet kann neu gegliedert werden, um zu gewährleisten, daß die Länder nach Größe und Leistungsfähigkeit die ihnen obliegenden Aufgaben wirksam erfüllen können. Dabei sind die landsmannschaftliche Verbundenheit, die geschichtlichen und kulturellen Zusammenhänge, die wirtschaftliche Zweckmäßigkeit sowie die Erfordernisse der Raumordnung und der Landesplanung zu berücksichtigen.

(2) Maßnahmen zur Neugliederung des Bundesgebietes ergehen durch Bundesgesetz, das der Bestätigung durch Volksentscheid bedarf. Die betroffenen Länder sind zu hören.

(3) Der Volksentscheid findet in den Ländern statt, aus deren Gebieten oder Gebietsteilen ein neues oder neu umgrenztes Land gebildet werden soll (betroffene Länder). Abzustimmen ist über die Frage, ob die betroffenen Länder wie bisher bestehenbleiben sollen oder ob das neue oder neu umgrenzte Land gebildet werden soll. Der Volksentscheid für die Bildung eines neuen oder neu umgrenzten Landes kommt zustande, wenn in dessen künftigem Gebiet und insgesamt in den Gebieten oder Gebietsteilen eines betroffenen Landes, deren Landeszugehörigkeit im gleichen Sinne geändert werden soll, jeweils eine Mehrheit der Änderung zustimmt. Er kommt nicht zustande, wenn im Gebiet eines der betroffenen Länder eine Mehrheit die Änderung ablehnt; die Ablehnung ist jedoch unbeachtlich, wenn in einem Gebietsteil, dessen Zugehörigkeit zu dem betroffenen Land geändert werden soll, eine Mehrheit von zwei Dritteln der Änderung zustimmt, es sei denn, daß im Gesamtgebiet des betroffenen Landes eine Mehrheit von zwei Dritteln die Änderung ablehnt.

(4) Wird in einem zusammenhängenden, abgegrenzten Siedlungs- und Wirtschaftsraum, dessen Teile in mehreren Ländern liegen und der minde-

stens eine Million Einwohner hat, von einem Zehntel der in ihm zum Bundestag Wahlberechtigten durch Volksbegehren gefordert, daß für diesen Raum eine einheitliche Landeszugehörigkeit herbeigeführt werde, so ist durch Bundesgesetz innerhalb von zwei Jahren entweder zu bestimmen, ob die Landeszugehörigkeit gemäß Absatz 2 geändert wird, oder daß in den betroffenen Ländern eine Volksbefragung stattfindet.

(5) Die Volksbefragung ist darauf gerichtet festzustellen, ob eine in dem Gesetz vorzuschlagende Änderung der Landeszugehörigkeit Zustimmung findet. Das Gesetz kann verschiedene, jedoch nicht mehr als zwei Vorschläge der Volksbefragung vorlegen. Stimmt eine Mehrheit einer vorgeschlagenen Änderung der Landeszugehörigkeit zu, so ist durch Bundesgesetz innerhalb von zwei Jahren zu bestimmen, ob die Landeszugehörigkeit gemäß Absatz 2 geändert wird. Findet ein der Volksbefragung vorgelegter Vorschlag eine den Maßgaben des Absatzes 3 Satz 3 und 4 entsprechende Zustimmung, so ist innerhalb von zwei Jahren nach der Durchführung der Volksbefragung ein Bundesgesetz zur Bildung des vorgeschlagenen Landes zu erlassen, das der Bestätigung durch Volksentscheid nicht mehr bedarf.

(6) Mehrheit im Volksentscheid und in der Volksbefragung ist die Mehrheit der abgegebenen Stimmen, wenn sie mindestens ein Viertel der zum Bundestag Wahlberechtigten umfaßt. Im übrigen wird das Nähere über Volksentscheid, Volksbegehren und Volksbefragung durch ein Bundesgesetz geregelt; dieses kann auch vorsehen, daß Volksbegehren innerhalb eines Zeitraumes von fünf Jahren nicht wiederholt werden können.

(7) Sonstige Änderungen des Gebietsbestandes der Länder können durch Staatsverträge der beteiligten Länder oder durch Bundesgesetz mit Zustimmung des Bundesrates erfolgen, wenn das Gebiet, dessen Landeszugehörigkeit geändert werden soll, nicht mehr als 50.000 Einwohner hat. Das Nähere regelt ein Bundesgesetz, das der Zustimmung des Bundesrates und der Mehrheit der Mitglieder des Bundestages bedarf. Es muß die Anhörung der betroffenen Gemeinden und Kreise vorsehen.

(8) Die Länder können eine Neugliederung für das jeweils von ihnen umfaßte Gebiet oder für Teilgebiete abweichend von den Vorschriften der Absätze 2 bis 7 durch Staatsvertrag regeln. Die betroffenen Gemeinden und Kreise sind zu hören. Der Staatsvertrag bedarf der Bestätigung durch Volksentscheid in jedem beteiligten Land. Betrifft der Staatsvertrag Teilgebiete der Länder, kann die Bestätigung auf Volksentscheide in diesen Teilgebieten beschränkt werden; Satz 5 zweiter Halbsatz findet keine Anwendung. Bei einem Volksentscheid entscheidet die Mehrheit der ab-

gegebenen Stimmen, wenn sie mindestens ein Viertel der zum Bundestag Wahlberechtigten umfaßt; das Nähere regelt ein Bundesgesetz. Der Staatsvertrag bedarf der Zustimmung des Bundestages.

Art. 30 [Kompetenzverteilung zwischen Bund und Ländern]

Die Ausübung der staatlichen Befugnisse und die Erfüllung der staatlichen Aufgaben ist Sache der Länder, soweit dieses Grundgesetz keine andere Regelung trifft oder zuläßt.

Art. 31 [Vorrang des Bundesrechts]

Bundesrecht bricht Landesrecht.

Art. 32 [Auswärtige Beziehungen]

(1) Die Pflege der Beziehungen zu auswärtigen Staaten ist Sache des Bundes.

(2) Vor dem Abschlusse eines Vertrages, der die besonderen Verhältnisse eines Landes berührt, ist das Land rechtzeitig zu hören.

(3) Soweit die Länder für die Gesetzgebung zuständig sind, können sie mit Zustimmung der Bundesregierung mit auswärtigen Staaten Verträge abschließen.

Art. 33 [Staatsbürgerliche Gleichstellung aller Deutschen; öffentlicher Dienst; Berufsbeamtentum]

(1) Jeder Deutsche hat in jedem Lande die gleichen staatsbürgerlichen Rechte und Pflichten.

(2) Jeder Deutsche hat nach seiner Eignung, Befähigung und fachlichen Leistung gleichen Zugang zu jedem öffentlichen Amte.

(3) Der Genuß bürgerlicher und staatsbürgerlicher Rechte, die Zulassung zu öffentlichen Ämtern sowie die im öffentlichen Dienste erworbenen Rechte sind unabhängig von dem religiösen Bekenntnis. Niemandem darf aus seiner Zugehörigkeit oder Nichtzugehörigkeit zu einem Bekenntnisse oder einer Weltanschauung ein Nachteil erwachsen.

(4) Die Ausübung hoheitsrechtlicher Befugnisse ist als ständige Aufgabe in der Regel Angehörigen des öffentlichen Dienstes zu übertragen, die in einem öffentlich-rechtlichen Dienst- und Treueverhältnis stehen.

(5) Das Recht des öffentlichen Dienstes ist unter Berücksichtigung der hergebrachten Grundsätze des Berufsbeamtentums zu regeln *und fortzuentwickeln.*

Art. 34 [Haftung bei Amtspflichtverletzungen]

Verletzt jemand in Ausübung eines ihm anvertrauten öffentlichen Amtes die ihm einem Dritten gegenüber obliegende Amtspflicht, so trifft die Verantwortlichkeit grundsätzlich den Staat oder die Körperschaft, in deren Dienst er steht. Bei Vorsatz oder grober Fahrlässigkeit bleibt der Rückgriff vorbehalten. Für den Anspruch auf Schadensersatz und für den Rückgriff darf der ordentliche Rechtsweg nicht ausgeschlossen werden.

Art. 35 [Rechts- und Amtshilfe; Katastrophenhilfe]

(1) Alle Behörden des Bundes und der Länder leisten sich gegenseitig Rechts- und Amtshilfe.

(2) Zur Aufrechterhaltung oder Wiederherstellung der öffentlichen Sicherheit oder Ordnung kann ein Land in Fällen von besonderer Bedeutung Kräfte und Einrichtungen des Bundesgrenzschutzes zur Unterstützung seiner Polizei anfordern, wenn die Polizei ohne diese Unterstützung eine Aufgabe nicht oder nur unter erheblichen Schwierigkeiten erfüllen könnte. Zur Hilfe bei einer Naturkatastrophe oder bei einem besonders schweren Unglücksfall kann ein Land Polizeikräfte anderer Länder, Kräfte und Einrichtungen anderer Verwaltungen sowie des Bundesgrenzschutzes und der Streitkräfte anfordern.

(3) Gefährdet die Naturkatastrophe oder der Unglücksfall das Gebiet mehr als eines Landes, so kann die Bundesregierung, soweit es zur wirksamen Bekämpfung erforderlich ist, den Landesregierungen die Weisung erteilen, Polizeikräfte anderen Ländern zur Verfügung zu stellen, sowie Einheiten des Bundesgrenzschutzes und der Streitkräfte zur Unterstützung der Polizeikräfte einsetzen. Maßnahmen der Bundesregierung nach Satz 1 sind jederzeit auf Verlangen des Bundesrates, im übrigen unverzüglich nach Beseitigung der Gefahr aufzuheben.

Art. 36 [Personal der Bundesbehörden]

(1) Bei den obersten Bundesbehörden sind Beamte aus allen Ländern in angemessenem Verhältnis zu verwenden. Die bei den übrigen Bundesbehörden beschäftigten Personen sollen in der Regel aus dem Lande genommen werden, in dem sie tätig sind.

(2) Die Wehrgesetze haben auch die Gliederung des Bundes in Länder und ihre besonderen landsmannschaftlichen Verhältnisse zu berücksichtigen.

Art. 37 [Bundeszwang]

(1) Wenn ein Land die ihm nach dem Grundgesetze oder einem anderen Bundesgesetze obliegenden Bundespflichten nicht erfüllt, kann die Bundesregierung mit Zustimmung des Bundesrates die notwendigen Maßnahmen treffen, um das Land im Wege des Bundeszwanges zur Erfüllung seiner Pflichten anzuhalten.

(2) Zur Durchführung des Bundeszwanges hat die Bundesregierung oder ihr Beauftragter das Weisungsrecht gegenüber allen Ländern und ihren Behörden.

III. Der Bundestag

Art. 38 [Wahlrechtsgrundsätze; Rechtsstellung der Abgeordneten]

(1) Die Abgeordneten des Deutschen Bundestages werden in allgemeiner, unmittelbarer, freier, gleicher und geheimer Wahl gewählt. Sie sind Vertreter des ganzen Volkes, an Aufträge und Weisungen nicht gebunden und nur ihrem Gewissen unterworfen.

(2) Wahlberechtigt ist, wer das achtzehnte Lebensjahr vollendet hat; wählbar ist, wer das Alter erreicht hat, mit dem die Volljährigkeit eintritt.

(3) Das Nähere bestimmt ein Bundesgesetz.

Art. 39 [Wahlperiode; Einberufung der Sitzungen]

(1) Der Bundestag wird vorbehaltlich der nachfolgenden Bestimmungen auf vier Jahre gewählt. Seine Wahlperiode endet mit dem Zusammentritt eines neuen Bundestages. Die Neuwahl findet frühestens sechsundvierzig, spätestens achtundvierzig Monate nach Beginn der Wahlperiode statt. Im Falle einer Auflösung des Bundestages findet die Neuwahl innerhalb von sechzig Tagen statt.

(2) Der Bundestag tritt spätestens am dreißigsten Tage nach der Wahl zusammen.

(3) Der Bundestag bestimmt den Schluß und den Wiederbeginn seiner Sitzungen. Der Präsident des Bundestages kann ihn früher einberufen. Er

ist hierzu verpflichtet, wenn ein Drittel der Mitglieder, der Bundespräsident oder der Bundeskanzler es verlangen.

Art. 40 [Präsident; Geschäftsordnung]

(1) Der Bundestag wählt seinen Präsidenten, dessen Stellvertreter und die Schriftführer. Er gibt sich eine Geschäftsordnung.

(2) Der Präsident übt das Hausrecht und die Polizeigewalt im Gebäude des Bundestages aus. Ohne seine Genehmigung darf in den Räumen des Bundestages keine Durchsuchung oder Beschlagnahme stattfinden.

Art. 41 [Wahlprüfung]

(1) Die Wahlprüfung ist Sache des Bundestages. Er entscheidet auch, ob ein Abgeordneter des Bundestages die Mitgliedschaft verloren hat.

(2) Gegen die Entscheidung des Bundestages ist die Beschwerde an das Bundesverfassungsgericht zulässig.

(3) Das Nähere regelt ein Bundesgesetz.

Art. 42 [Verhandlung; Abstimmung]

(1) Der Bundestag verhandelt öffentlich. Auf Antrag eines Zehntels seiner Mitglieder oder auf Antrag der Bundesregierung kann mit Zweidrittelmehrheit die Öffentlichkeit ausgeschlossen werden. Über den Antrag wird in nichtöffentlicher Sitzung entschieden.

(2) Zu einem Beschlusse des Bundestages ist die Mehrheit der abgegebenen Stimmen erforderlich, soweit dieses Grundgesetz nichts anderes bestimmt. Für die vom Bundestage vorzunehmenden Wahlen kann die Geschäftsordnung Ausnahmen zulassen.

(3) Wahrheitsgetreue Berichte über die öffentlichen Sitzungen des Bundestages und seiner Ausschüsse bleiben von jeder Verantwortlichkeit frei.

Art. 43 [Anwesenheit der Regierungs- und Bundesratsmitglieder]

(1) Der Bundestag und seine Ausschüsse können die Anwesenheit jedes Mitgliedes der Bundesregierung verlangen.

(2) Die Mitglieder des Bundesrates und der Bundesregierung sowie ihre Beauftragten haben zu allen Sitzungen des Bundestages und seiner Ausschüsse Zutritt. Sie müssen jederzeit gehört werden.

Art. 44 [Untersuchungsausschüsse]

(1) Der Bundestag hat das Recht und auf Antrag eines Viertels seiner Mitglieder die Pflicht, einen Untersuchungsausschuß einzusetzen, der in öffentlicher Verhandlung die erforderlichen Beweise erhebt. Die Öffentlichkeit kann ausgeschlossen werden.

(2) Auf Beweiserhebungen finden die Vorschriften über den Strafprozeß sinngemäß Anwendung. Das Brief-, Post- und Fernmeldegeheimnis bleibt unberührt.

(3) Gerichte und Verwaltungsbehörden sind zur Rechts- und Amtshilfe verpflichtet.

(4) Die Beschlüsse der Untersuchungsausschüsse sind der richterlichen Erörterung entzogen. In der Würdigung und Beurteilung des der Untersuchung zugrunde liegenden Sachverhaltes sind die Gerichte frei.

Art. 45 [Ausschuss für Angelegenheiten der Europäischen Union]

Der Bundestag bestellt einen Ausschuß für die Angelegenheiten der Europäischen Union. Er kann ihn ermächtigen, die Rechte des Bundestages gemäß Artikel 23 gegenüber der Bundesregierung wahrzunehmen.

Art. 45a [Ausschüsse für Auswärtiges und für Verteidigung]

(1) Der Bundestag bestellt einen Ausschuß für auswärtige Angelegenheiten und einen Ausschuß für Verteidigung.

(2) Der Ausschuß für Verteidigung hat auch die Rechte eines Untersuchungsausschusses. Auf Antrag eines Viertels seiner Mitglieder hat er die Pflicht, eine Angelegenheit zum Gegenstand seiner Untersuchung zu machen.

(3) Artikel 44 Abs. 1 findet auf dem Gebiet der Verteidigung keine Anwendung.

Art. 45b [Wehrbeauftragter]

Zum Schutz der Grundrechte und als Hilfsorgan des Bundestages bei der Ausübung der parlamentarischen Kontrolle wird ein Wehrbeauftragter des Bundestages berufen. Das Nähere regelt ein Bundesgesetz.

Art. 45c [Peitionsausschuss]

(1) Der Bundestag bestellt einen Petitionsausschuß, dem die Behandlung der nach Artikel 17 an den Bundestag gerichteten Bitten und Beschwerden obliegt.

(2) Die Befugnisse des Ausschusses zur Überprüfung von Beschwerden regelt ein Bundesgesetz.

Art. 46 [Indemnität und Immunität der Angeordneten]

(1) Ein Abgeordneter darf zu keiner Zeit wegen seiner Abstimmung oder wegen einer Äußerung, die er im Bundestage oder in einem seiner Ausschüsse getan hat, gerichtlich oder dienstlich verfolgt oder sonst außerhalb des Bundestages zur Verantwortung gezogen werden. Dies gilt nicht für verleumderische Beleidigungen.

(2) Wegen einer mit Strafe bedrohten Handlung darf ein Abgeordneter nur mit Genehmigung des Bundestages zur Verantwortung gezogen oder verhaftet werden, es sei denn, daß er bei Begehung der Tat oder im Laufe des folgenden Tages festgenommen wird.

(3) Die Genehmigung des Bundestages ist ferner bei jeder anderen Beschränkung der persönlichen Freiheit eines Abgeordneten oder zur Einleitung eines Verfahrens gegen einen Abgeordneten gemäß Artikel 18 erforderlich.

(4) Jedes Strafverfahren und jedes Verfahren gemäß Artikel 18 gegen einen Abgeordneten, jede Haft und jede sonstige Beschränkung seiner persönlichen Freiheit sind auf Verlangen des Bundestages auszusetzen.

Art. 47 [Zeugnisverweigerungsrecht]

Die Abgeordneten sind berechtigt, über Personen, die ihnen in ihrer Eigenschaft als Abgeordnete oder denen sie in dieser Eigenschaft Tatsachen anvertraut haben, sowie über diese Tatsachen selbst das Zeugnis zu verweigern. Soweit dieses Zeugnisverweigerungsrecht reicht, ist die Beschlagnahme von Schriftstücken unzulässig.

Art. 48 [Ansprüche der Abgeordneten; Diäten]

(1) Wer sich um einen Sitz im Bundestage bewirbt, hat Anspruch auf den zur Vorbereitung seiner Wahl erforderlichen Urlaub.

(2) Niemand darf gehindert werden, das Amt eines Abgeordneten zu übernehmen und auszuüben. Eine Kündigung oder Entlassung aus diesem Grunde ist unzulässig.

(3) Die Abgeordneten haben Anspruch auf eine angemessene, ihre Unabhängigkeit sichernde Entschädigung. Sie haben das Recht der freien Benutzung aller staatlichen Verkehrsmittel. Das Nähere regelt ein Bundesgesetz.

Art. 49 [aufgehoben]

IV. Der Bundesrat

Art. 50 [Funktion]

Durch den Bundesrat wirken die Länder bei der Gesetzgebung und Verwaltung des Bundes und in Angelegenheiten der Europäischen Union mit.

Art. 51 [Zusammensetzung; Stimmenverhältnis]

(1) Der Bundesrat besteht aus Mitgliedern der Regierungen der Länder, die sie bestellen und abberufen. Sie können durch andere Mitglieder ihrer Regierungen vertreten werden.

(2) Jedes Land hat mindestens drei Stimmen, Länder mit mehr als zwei Millionen Einwohnern haben vier, Länder mit mehr als sechs Millionen Einwohnern fünf, Länder mit mehr als sieben Millionen Einwohnern sechs Stimmen.

(3) Jedes Land kann so viele Mitglieder entsenden, wie es Stimmen hat. Die Stimmen eines Landes können nur einheitlich und nur durch anwesende Mitglieder oder deren Vertreter abgegeben werden.

Art. 52 [Präsident; Einberufung von Sitzungen; Beschlussfassung]

(1) Der Bundesrat wählt seinen Präsidenten auf ein Jahr.

(2) Der Präsident beruft den Bundesrat ein. Er hat ihn einzuberufen, wenn die Vertreter von mindestens zwei Ländern oder die Bundesregierung es verlangen.

(3) Der Bundesrat faßt seine Beschlüsse mit mindestens der Mehrheit seiner Stimmen. Er gibt sich eine Geschäftsordnung. Er verhandelt öffentlich. Die Öffentlichkeit kann ausgeschlossen werden.

(3a) Für Angelegenheiten der Europäischen Union kann der Bundesrat eine Europakammer bilden, deren Beschlüsse als Beschlüsse des Bundesrates gelten; *die Anzahl der einheitlich abzugebenden Stimmen der Länder bestimmt sich nach Artikel 51 Abs. 2.*

(4) Den Ausschüssen des Bundesrates können andere Mitglieder oder Beauftragte der Regierungen der Länder angehören.

Art. 53 [Beteiligung der Bundesregierung]

Die Mitglieder der Bundesregierung haben das Recht und auf Verlangen die Pflicht, an den Verhandlungen des Bundesrates und seiner Ausschüsse teilzunehmen. Sie müssen jederzeit gehört werden. Der Bundesrat ist von der Bundesregierung über die Führung der Geschäfte auf dem laufenden zu halten.

IVa. Gemeinsamer Ausschuß

Art. 53a [Zusammensetzung; Informationspflicht der Bundesregierung]

(1) Der Gemeinsame Ausschuß besteht zu zwei Dritteln aus Abgeordneten des Bundestages, zu einem Drittel aus Mitgliedern des Bundesrates. Die Abgeordneten werden vom Bundestage entsprechend dem Stärkeverhältnis der Fraktionen bestimmt; sie dürfen nicht der Bundesregierung angehören. Jedes Land wird durch ein von ihm bestelltes Mitglied des Bundesrates vertreten; diese Mitglieder sind nicht an Weisungen gebunden. Die Bildung des Gemeinsamen Ausschusses und sein Verfahren werden durch eine Geschäftsordnung geregelt, die vom Bundestage zu beschließen ist und der Zustimmung des Bundesrates bedarf.

(2) Die Bundesregierung hat den Gemeinsamen Ausschuß über ihre Planungen für den Verteidigungsfall zu unterrichten. Die Rechte des Bundestages und seiner Ausschüsse nach Artikel 43 Abs. 1 bleiben unberührt.

V. Der Bundespräsident

Art. 54 [Wahl durch die Bundesversammlung]

(1) Der Bundespräsident wird ohne Aussprache von der Bundesversammlung gewählt. Wählbar ist jeder Deutsche, der das Wahlrecht zum Bundestage besitzt und das vierzigste Lebensjahr vollendet hat.

(2) Das Amt des Bundespräsidenten dauert fünf Jahre. Anschließende Wiederwahl ist nur einmal zulässig.

(3) Die Bundesversammlung besteht aus den Mitgliedern des Bundestages und einer gleichen Anzahl von Mitgliedern, die von den Volksvertretungen der Länder nach den Grundsätzen der Verhältniswahl gewählt werden.

(4) Die Bundesversammlung tritt spätestens dreißig Tage vor Ablauf der Amtszeit des Bundespräsidenten, bei vorzeitiger Beendigung spätestens dreißig Tage nach diesem Zeitpunkt zusammen. Sie wird von dem Präsidenten des Bundestages einberufen.

(5) Nach Ablauf der Wahlperiode beginnt die Frist des Absatzes 4 Satz 1 mit dem ersten Zusammentritt des Bundestages.

(6) Gewählt ist, wer die Stimmen der Mehrheit der Mitglieder der Bundesversammlung erhält. Wird diese Mehrheit in zwei Wahlgängen von keinem Bewerber erreicht, so ist gewählt, wer in einem weiteren Wahlgang die meisten Stimmen auf sich vereinigt.

(7) Das Nähere regelt ein Bundesgesetz.

Art. 55 [Unvereinbarkeiten]

(1) Der Bundespräsident darf weder der Regierung noch einer gesetzgebenden Körperschaft des Bundes oder eines Landes angehören.

(2) Der Bundespräsident darf kein anderes besoldetes Amt, kein Gewerbe und keinen Beruf ausüben und weder der Leitung noch dem Aufsichtsrate eines auf Erwerb gerichteten Unternehmens angehören.

Art. 56 [Amtseid]

Der Bundespräsident leistet bei seinem Amtsantritt vor den versammelten Mitgliedern des Bundestages und des Bundesrates folgenden Eid:

„Ich schwöre, daß ich meine Kraft dem Wohle des deutschen Volkes widmen, seinen Nutzen mehren, Schaden von ihm wenden, das Grundgesetz und die Gesetze des Bundes wahren und verteidigen, meine Pflichten gewissenhaft erfüllen und Gerechtigkeit gegen jedermann üben werde. So wahr mir Gott helfe."

Der Eid kann auch ohne religiöse Beteuerung geleistet werden.

Art. 57 [Stellvertreter]

Die Befugnisse des Bundespräsidenten werden im Falle seiner Verhinderung oder bei vorzeitiger Erledigung des Amtes durch den Präsidenten des Bundesrates wahrgenommen.

Art. 58 [Gegenzeichnung]

Anordnungen und Verfügungen des Bundespräsidenten bedürfen zu ihrer Gültigkeit der Gegenzeichnung durch den Bundeskanzler oder durch den zuständigen Bundesminister. Dies gilt nicht für die Ernennung und Entlassung des Bundeskanzlers, die Auflösung des Bundestages gemäß Artikel 63 und das Ersuchen gemäß Artikel 69 Abs. 3.

Art. 59 [Völkerrechtliche Vertretung des Bundes; Vertragsgesetz]

(1) Der Bundespräsident vertritt den Bund völkerrechtlich. Er schließt im Namen des Bundes die Verträge mit auswärtigen Staaten. Er beglaubigt und empfängt die Gesandten.

(2) Verträge, welche die politischen Beziehungen des Bundes regeln oder sich auf Gegenstände der Bundesgesetzgebung beziehen, bedürfen der Zustimmung oder der Mitwirkung der jeweils für die Bundesgesetzgebung zuständigen Körperschaften in der Form eines Bundesgesetzes. Für Verwaltungsabkommen gelten die Vorschriften über die Bundesverwaltung entsprechend.

Art. 59a [aufgehoben]

Art. 60 [Ernennung und Entlassung der Bundesrichter, Bundesbeamten und Soldaten; Begnadigungsrecht]

(1) Der Bundespräsident ernennt und entläßt die Bundesrichter, die Bundesbeamten, die Offiziere und Unteroffiziere, soweit gesetzlich nichts anderes bestimmt ist.

(2) Er übt im Einzelfalle für den Bund das Begnadigungsrecht aus.

(3) Er kann diese Befugnisse auf andere Behörden übertragen.

(4) Die Absätze 2 bis 4 des Artikels 46 finden auf den Bundespräsidenten entsprechende Anwendung.

Art. 61 [Präsidentenanklage vor dem Bundesverfassungsgericht]

(1) Der Bundestag oder der Bundesrat können den Bundespräsidenten wegen vorsätzlicher Verletzung des Grundgesetzes oder eines anderen Bundesgesetzes vor dem Bundesverfassungsgericht anklagen. Der Antrag auf Erhebung der Anklage muß von mindestens einem Viertel der Mitglieder des Bundestages oder einem Viertel der Stimmen des Bundesrates gestellt werden. Der Beschluß auf Erhebung der Anklage bedarf der Mehrheit von zwei Dritteln der Mitglieder des Bundestages oder von zwei Dritteln der Stimmen des Bundesrates. Die Anklage wird von einem Beauftragten der anklagenden Körperschaft vertreten.

(2) Stellt das Bundesverfassungsgericht fest, daß der Bundespräsident einer vorsätzlichen Verletzung des Grundgesetzes oder eines anderen Bundesgesetzes schuldig ist, so kann es ihn des Amtes für verlustig erklären. Durch einstweilige Anordnung kann es nach der Erhebung der Anklage bestimmen, daß er an der Ausübung seines Amtes verhindert ist.

VI. Die Bundesregierung

Art. 62 [Zusammensetzung]

Die Bundesregierung besteht aus dem Bundeskanzler und aus den Bundesministern.

Art. 63 [Wahl und Ernennung des Bundeskanzlers]

(1) Der Bundeskanzler wird auf Vorschlag des Bundespräsidenten vom Bundestage ohne Aussprache gewählt.

(2) Gewählt ist, wer die Stimmen der Mehrheit der Mitglieder des Bundestages auf sich vereinigt. Der Gewählte ist vom Bundespräsidenten zu ernennen.

(3) Wird der Vorgeschlagene nicht gewählt, so kann der Bundestag binnen vierzehn Tagen nach dem Wahlgange mit mehr als der Hälfte seiner Mitglieder einen Bundeskanzler wählen.

(4) Kommt eine Wahl innerhalb dieser Frist nicht zustande, so findet unverzüglich ein neuer Wahlgang statt, in dem gewählt ist, wer die meisten Stimmen erhält. Vereinigt der Gewählte die Stimmen der Mehrheit der Mitglieder des Bundestages auf sich, so muß der Bundespräsident ihn binnen sieben Tagen nach der Wahl ernennen. Erreicht der Gewählte diese

Mehrheit nicht, so hat der Bundespräsident binnen sieben Tagen entweder ihn zu ernennen oder den Bundestag aufzulösen.

Art. 64 [Ernennung und Entlassung der Bundesminister]

(1) Die Bundesminister werden auf Vorschlag des Bundeskanzlers vom Bundespräsidenten ernannt und entlassen.

(2) Der Bundeskanzler und die Bundesminister leisten bei der Amtsübernahme vor dem Bundestage den in Artikel 56 vorgesehenen Eid.

Art. 65 [Verantwortungsverteilung in der Bundesregierung; Richtlinienkompetenz des Bundeskanzlers]

Der Bundeskanzler bestimmt die Richtlinien der Politik und trägt dafür die Verantwortung. Innerhalb dieser Richtlinien leitet jeder Bundesminister seinen Geschäftsbereich selbständig und unter eigener Verantwortung. Über Meinungsverschiedenheiten zwischen den Bundesministern entscheidet die Bundesregierung. Der Bundeskanzler leitet ihre Geschäfte nach einer von der Bundesregierung beschlossenen und vom Bundespräsidenten genehmigten Geschäftsordnung.

Art. 65a [Befehls- und Kommandogewalt über die Streitkräfte]

(1) Der Bundesminister für Verteidigung hat die Befehls- und Kommandogewalt über die Streitkräfte.

(2) [gestrichen]

Art. 66 [Unvereinbarkeiten]

Der Bundeskanzler und die Bundesminister dürfen kein anderes besoldetes Amt, kein Gewerbe und keinen Beruf ausüben und weder der Leitung noch ohne Zustimmung des Bundestages dem Aufsichtsrate eines auf Erwerb gerichteten Unternehmens angehören.

Art. 67 [Konstruktives Misstrauensvotum]

(1) Der Bundestag kann dem Bundeskanzler das Mißtrauen nur dadurch aussprechen, daß er mit der Mehrheit seiner Mitglieder einen Nachfolger wählt und den Bundespräsidenten ersucht, den Bundeskanzler zu entlassen. Der Bundespräsident muß dem Ersuchen entsprechen und den Gewählten ernennen.

(2) Zwischen dem Antrage und der Wahl müssen achtundvierzig Stunden liegen.

Art. 68 [Vertrauensfrage; Auflösung des Bundestages]

(1) Findet ein Antrag des Bundeskanzlers, ihm das Vertrauen auszusprechen, nicht die Zustimmung der Mehrheit der Mitglieder des Bundestages, so kann der Bundespräsident auf Vorschlag des Bundeskanzlers binnen einundzwanzig Tagen den Bundestag auflösen. Das Recht zur Auflösung erlischt, sobald der Bundestag mit der Mehrheit seiner Mitglieder einen anderen Bundeskanzler wählt.

(2) Zwischen dem Antrage und der Abstimmung müssen achtundvierzig Stunden liegen.

Art. 69 [Stellvertreter des Bundeskanzlers; Amtsdauer der Regierungsmitglieder]

(1) Der Bundeskanzler ernennt einen Bundesminister zu seinem Stellvertreter.

(2) Das Amt des Bundeskanzlers oder eines Bundesministers endigt in jedem Falle mit dem Zusammentritt eines neuen Bundestages, das Amt eines Bundesministers auch mit jeder anderen Erledigung des Amtes des Bundeskanzlers.

(3) Auf Ersuchen des Bundespräsidenten ist der Bundeskanzler, auf Ersuchen des Bundeskanzlers oder des Bundespräsidenten ein Bundesminister verpflichtet, die Geschäfte bis zur Ernennung seines Nachfolgers weiterzuführen.

VII. Die Gesetzgebung des Bundes

Art. 70 [Verteilung der Gesetzgebungskompetenzen zwischen Bund und Ländern]

(1) Die Länder haben das Recht der Gesetzgebung, soweit dieses Grundgesetz nicht dem Bunde Gesetzgebungsbefugnisse verleiht.

(2) Die Abgrenzung der Zuständigkeit zwischen Bund und Ländern bemißt sich nach den Vorschriften dieses Grundgesetzes über die ausschließliche und die konkurrierende Gesetzgebung.

Art. 71 [Ausschließliche Gesetzgebung des Bundes]

Im Bereiche der ausschließlichen Gesetzgebung des Bundes haben die Länder die Befugnis zur Gesetzgebung nur, wenn und soweit sie hierzu in einem Bundesgesetze ausdrücklich ermächtigt werden.

Art. 72 [Konkurrierende Gesetzgebung]

(1) Im Bereich der konkurrierenden Gesetzgebung haben die Länder die Befugnis zur Gesetzgebung, solange und soweit der Bund von seiner Gesetzgebungszuständigkeit nicht durch Gesetz Gebrauch gemacht hat.

(2) *Auf den Gebieten des Artikels 74 Abs. 1 Nr. 4, 7, 11, 13, 15, 19a, 20, 22, 25 und 26 hat der Bund das Gesetzgebungsrecht*, wenn und soweit die Herstellung gleichwertiger Lebensverhältnisse im Bundesgebiet oder die Wahrung der Rechts- oder Wirtschaftseinheit im gesamtstaatlichen Interesse eine bundesgesetzliche Regelung erforderlich macht.

(3) Hat der Bund von seiner Gesetzgebungszuständigkeit Gebrauch gemacht, können die Länder durch Gesetz hiervon abweichende Regelungen treffen über:

1. das Jagdwesen (ohne das Recht der Jagdscheine);
2. den Naturschutz und die Landschaftspflege (ohne die allgemeinen Grundsätze des Naturschutzes, das Recht des Artenschutzes oder des Meeresnaturschutzes);
3. die Bodenverteilung;
4. die Raumordnung;
5. den Wasserhaushalt (ohne stoff- oder anlagenbezogene Regelungen);
6. die Hochschulzulassung und die Hochschulabschlüsse.

Bundesgesetze auf diesen Gebieten treten frühestens sechs Monate nach ihrer Verkündung in Kraft, soweit nicht mit Zustimmung des Bundesrates anderes bestimmt ist. Auf den Gebieten des Satzes 1 geht im Verhältnis von Bundes- und Landesrecht das jeweils spätere Gesetz vor.

(4) Durch Bundesgesetz kann bestimmt werden, daß eine bundesgesetzliche Regelung, für die eine Erforderlichkeit im Sinne des Absatzes 2 nicht mehr besteht, durch Landesrecht ersetzt werden kann.

Art. 73 [Gegenstände der ausschließlichen Gesetzgebung des Bundes]

(1) Der Bund hat die ausschließliche Gesetzgebung über:

1. die auswärtigen Angelegenheiten sowie die Verteidigung einschließlich des Schutzes der Zivilbevölkerung;
2. die Staatsangehörigkeit im Bunde;
3. die Freizügigkeit, das Passwesen, *das Melde- und Ausweiswesen*, die Ein- und Auswanderung und die Auslieferung;
4. das Währungs-, Geld- und Münzwesen, Maße und Gewichte sowie die Zeitbestimmung;
5. die Einheit des Zoll- und Handelsgebietes, die Handels- und Schiffahrtsverträge, die Freizügigkeit des Warenverkehrs und den Waren- und Zahlungsverkehr mit dem Auslande einschließlich des Zoll- und Grenzschutzes;

5a. den Schutz deutschen Kulturgutes gegen Abwanderung ins Ausland;

6. den Luftverkehr;

6a. den Verkehr von Eisenbahnen, die ganz oder mehrheitlich im Eigentum des Bundes stehen (Eisenbahnen des Bundes), den Bau, die Unterhaltung und das Betreiben von Schienenwegen der Eisenbahnen des Bundes sowie die Erhebung von Entgelten für die Benutzung dieser Schienenwege;

7. das Postwesen und die Telekommunikation;
8. die Rechtsverhältnisse der im Dienste des Bundes und der bundesunmittelbaren Körperschaften des öffentlichen Rechtes stehenden Personen;
9. den gewerblichen Rechtsschutz, das Urheberrecht und das Verlagsrecht;

9a. die Abwehr von Gefahren des internationalen Terrorismus durch das Bundeskriminalpolizeiamt in Fällen, in denen eine länderübergreifende Gefahr vorliegt, die Zuständigkeit einer Landespolizeibehörde nicht erkennbar ist oder die oberste Landesbehörde um eine Übernahme ersucht;

10. die Zusammenarbeit des Bundes und der Länder
    a) in der Kriminalpolizei,
    b) zum Schutze der freiheitlichen demokratischen Grundordnung, des Bestandes und der Sicherheit des Bundes oder eines Landes (Verfassungsschutz) und
    c) zum Schutze gegen Bestrebungen im Bundesgebiet, die durch Anwendung von Gewalt oder darauf gerichtete Vorbereitungshandlungen auswärtige Belange der Bundesrepublik Deutschland gefährden,

sowie die Einrichtung eines Bundeskriminalpolizeiamtes und die internationale Verbrechensbekämpfung;

11. die Statistik für Bundeszwecke;
12. das Waffen- und das Sprengstoffrecht;
13. die Versorgung der Kriegsbeschädigten und Kriegshinterbliebenen und die Fürsorge für die ehemaligen Kriegsgefangenen;
14. die Erzeugung und Nutzung der Kernenergie zu friedlichen Zwecken, die Errichtung und den Betrieb von Anlagen, die diesen Zwecken dienen, den Schutz gegen Gefahren, die bei Freiwerden von Kernenergie oder durch ionisierende Strahlen entstehen, und die Beseitigung radioaktiver Stoffe.

(2) Gesetze nach Absatz 1 Nr. 9a bedürfen der Zustimmung des Bundesrates.

Art. 74 [Gegenstände der konkurrierenden Gesetzgebung des Bundes]

(1) Die konkurrierende Gesetzgebung erstreckt sich auf folgende Gebiete:

1. das bürgerliche Recht, das Strafrecht, die Gerichtsverfassung, das gerichtliche Verfahren *(ohne das Recht des Untersuchungshaftvollzugs)*, die Rechtsanwaltschaft, das Notariat und die Rechtsberatung;
2. das Personenstandswesen;
3. das Vereinsrecht;
4. das Aufenthalts- und Niederlassungsrecht der Ausländer;
4a. [aufgehoben]
5. [aufgehoben]
6. die Angelegenheiten der Flüchtlinge und Vertriebenen;
7. die öffentliche Fürsorge *(ohne das Heimrecht)*;
8. [aufgehoben]
9. die Kriegsschäden und die Wiedergutmachung;
10. die Kriegsgräber und Gräber anderer Opfer des Krieges und Opfer von Gewaltherrschaft;
11. das Recht der Wirtschaft (Bergbau, Industrie, Energiewirtschaft, Handwerk, Gewerbe, Handel, Bank- und Börsenwesen, privatrechtliches Versicherungswesen) *ohne das Recht des Ladenschlusses, der Gaststätten, der Spielhallen, der Schaustellung von Personen, der Messen, der Ausstellungen und der Märkte*;
11a. [aufgehoben]
12. das Arbeitsrecht einschließlich der Betriebsverfassung, des Arbeitsschutzes und der Arbeitsvermittlung sowie die Sozialversicherung einschließlich der Arbeitslosenversicherung;

13. die Regelung der Ausbildungsbeihilfen und die Förderung der wissenschaftlichen Forschung;
14. das Recht der Enteignung, soweit sie auf den Sachgebieten der Artikel 73 und 74 in Betracht kommt;
15. die Überführung von Grund und Boden, von Naturschätzen und Produktionsmitteln in Gemeineigentum oder in andere Formen der Gemeinwirtschaft;
16. die Verhütung des Mißbrauchs wirtschaftlicher Machtstellung;
17. die Förderung der land- und forstwirtschaftlichen Erzeugung *(ohne das Recht der Flurbereinigung)*, die Sicherung der Ernährung, die Ein- und Ausfuhr land- und forstwirtschaftlicher Erzeugnisse, die Hochsee- und Küstenfischerei und den Küstenschutz;
18. *den städtebaulichen Grundstücksverkehr, das Bodenrecht (ohne das Recht der Erschließungsbeiträge) und das Wohngeldrecht, das Altschuldenhilferecht, das Wohnungsbauprämienrecht, das Bergarbeiterwohnungsbaurecht und das Bergmannssiedlungsrecht;*
19. *Maßnahmen gegen gemeingefährliche oder übertragbare Krankheiten bei Menschen und Tieren, Zulassung zu ärztlichen und anderen Heilberufen und zum Heilgewerbe, sowie das Recht des Apothekenwesens, der Arzneien, der Medizinprodukte, der Heilmittel, der Betäubungsmittel und der Gifte;*
19a. die wirtschaftliche Sicherung der Krankenhäuser und die Regelung der Krankenhauspflegesätze;
20. *das Recht der Lebensmittel einschließlich der ihrer Gewinnung dienenden Tiere, das Recht der Genussmittel, Bedarfsgegenstände und Futtermittel sowie den Schutz beim Verkehr mit land- und forstwirtschaftlichem Saat- und Pflanzgut, den Schutz der Pflanzen gegen Krankheiten und Schädlinge sowie den Tierschutz;*
21. die Hochsee- und Küstenschiffahrt sowie die Seezeichen, die Binnenschiffahrt, den Wetterdienst, die Seewasserstraßen und die dem allgemeinen Verkehr dienenden Binnenwasserstraßen;
22. den Straßenverkehr, das Kraftfahrwesen, den Bau und die Unterhaltung von Landstraßen für den Fernverkehr sowie die Erhebung und Verteilung von Gebühren *oder Entgelten* für die Benutzung öffentlicher Straßen mit Fahrzeugen;
23. die Schienenbahnen, die nicht Eisenbahnen des Bundes sind, mit Ausnahme der Bergbahnen;
24. die Abfall*wirtschaft*, die Luftreinhaltung und die Lärmbekämpfung *(ohne Schutz vor verhaltensbezogenem Lärm)*;
25. die Staatshaftung;

26. die *medizinisch unterstützte Erzeugung menschlichen Lebens*, die Untersuchung und die künstliche Veränderung von Erbinformationen sowie Regelungen zur Transplantation von Organen, *Geweben und Zellen;*
27. *die Statusrechte und -pflichten der Beamten der Länder, Gemeinden und anderen Körperschaften des öffentlichen Rechts sowie der Richter in den Ländern mit Ausnahme der Laufbahnen, Besoldung und Versorgung;*
28. *das Jagdwesen;*
29. *den Naturschutz und die Landschaftspflege;*
30. *die Bodenverteilung;*
31. *die Raumordnung;*
32. *den Wasserhaushalt;*
33. *die Hochschulzulassung und die Hochschulabschlüsse.*

(2) Gesetze nach Absatz 1 Nr. 25 *und 27* bedürfen der Zustimmung des Bundesrates.

Art. 74a [aufgehoben]

Art. 75 [aufgehoben]

Art. 76 [Einbringung von Gesetzesvorlagen]

(1) Gesetzesvorlagen werden beim Bundestage durch die Bundesregierung, aus der Mitte des Bundestages oder durch den Bundesrat eingebracht.

(2) Vorlagen der Bundesregierung sind zunächst dem Bundesrat zuzuleiten. Der Bundesrat ist berechtigt, innerhalb von sechs Wochen zu diesen Vorlagen Stellung zu nehmen. Verlangt er aus wichtigem Grunde, insbesondere mit Rücksicht auf den Umfang einer Vorlage, eine Fristverlängerung, so beträgt die Frist neun Wochen. Die Bundesregierung kann eine Vorlage, die sie bei der Zuleitung an den Bundesrat ausnahmsweise als besonders eilbedürftig bezeichnet hat, nach drei Wochen oder, wenn der Bundesrat ein Verlangen nach Satz 3 geäußert hat, nach sechs Wochen dem Bundestag zuleiten, auch wenn die Stellungnahme des Bundesrates noch nicht bei ihr eingegangen ist; sie hat die Stellungnahme des Bundesrates unverzüglich nach Eingang dem Bundestag nachzureichen. Bei Vorlagen zur Änderung dieses Grundgesetzes und zur Übertragung von Hoheitsrechten nach Artikel 23 oder Artikel 24 beträgt die Frist zur Stellungnahme neun Wochen; Satz 4 findet keine Anwendung.

(3) Vorlagen des Bundesrates sind dem Bundestag durch die Bundesregierung innerhalb von sechs Wochen zuzuleiten. Sie soll hierbei ihre Auffassung darlegen. Verlangt sie aus wichtigem Grunde, insbesondere mit Rücksicht auf den Umfang einer Vorlage, eine Fristverlängerung, so beträgt die Frist neun Wochen. Wenn der Bundesrat eine Vorlage ausnahmsweise als besonders eilbedürftig bezeichnet hat, beträgt die Frist drei Wochen oder, wenn die Bundesregierung ein Verlangen nach Satz 3 geäußert hat, sechs Wochen. Bei Vorlagen zur Änderung dieses Grundgesetzes und zur Übertragung von Hoheitsrechten nach Artikel 23 oder Artikel 24 beträgt die Frist neun Wochen; Satz 4 findet keine Anwendung. Der Bundestag hat über die Vorlagen in angemessener Frist zu beraten und Beschluß zu fassen.

Art. 77 [Gesetzgebungsverfahren]

(1) Die Bundesgesetze werden vom Bundestage beschlossen. Sie sind nach ihrer Annahme durch den Präsidenten des Bundestages unverzüglich dem Bundesrate zuzuleiten.

(2) Der Bundesrat kann binnen drei Wochen nach Eingang des Gesetzesbeschlusses verlangen, daß ein aus Mitgliedern des Bundestages und des Bundesrates für die gemeinsame Beratung von Vorlagen gebildeter Ausschuß einberufen wird. Die Zusammensetzung und das Verfahren dieses Ausschusses regelt eine Geschäftsordnung, die vom Bundestag beschlossen wird und der Zustimmung des Bundesrates bedarf. Die in diesen Ausschuß entsandten Mitglieder des Bundesrates sind nicht an Weisungen gebunden. Ist zu einem Gesetze die Zustimmung des Bundesrates erforderlich, so können auch der Bundestag und die Bundesregierung die Einberufung verlangen. Schlägt der Ausschuß eine Änderung des Gesetzesbeschlusses vor, so hat der Bundestag erneut Beschluß zu fassen.

(2a) Soweit zu einem Gesetz die Zustimmung des Bundesrates erforderlich ist, hat der Bundesrat, wenn ein Verlangen nach Absatz 2 Satz 1 nicht gestellt oder das Vermittlungsverfahren ohne einen Vorschlag zur Änderung des Gesetzesbeschlusses beendet ist, in angemessener Frist über die Zustimmung Beschluß zu fassen.

(3) Soweit zu einem Gesetze die Zustimmung des Bundesrates nicht erforderlich ist, kann der Bundesrat, wenn das Verfahren nach Absatz 2 beendigt ist, gegen ein vom Bundestage beschlossenes Gesetz binnen zwei Wochen Einspruch einlegen. Die Einspruchsfrist beginnt im Falle des Absatzes 2 letzter Satz mit dem Eingange des vom Bundestage erneut gefaßten Beschlusses, in allen anderen Fällen mit dem Eingange der Mittei-

lung des Vorsitzenden des in Absatz 2 vorgesehenen Ausschusses, daß das Verfahren vor dem Ausschusse abgeschlossen ist.

(4) Wird der Einspruch mit der Mehrheit der Stimmen des Bundesrates beschlossen, so kann er durch Beschluß der Mehrheit der Mitglieder des Bundestages zurückgewiesen werden. Hat der Bundesrat den Einspruch mit einer Mehrheit von mindestens zwei Dritteln seiner Stimmen beschlossen, so bedarf die Zurückweisung durch den Bundestag einer Mehrheit von zwei Dritteln, mindestens der Mehrheit der Mitglieder des Bundestages.

Art. 78 [Zustandekommen von Bundesgesetzen]

Ein vom Bundestage beschlossenes Gesetz kommt zustande, wenn der Bundesrat zustimmt, den Antrag gemäß Artikel 77 Abs. 2 nicht stellt, innerhalb der Frist des Artikels 77 Abs. 3 keinen Einspruch einlegt oder ihn zurücknimmt oder wenn der Einspruch vom Bundestage überstimmt wird.

Art. 79 [Änderung des Grundgesetzes]

(1) Das Grundgesetz kann nur durch ein Gesetz geändert werden, das den Wortlaut des Grundgesetzes ausdrücklich ändert oder ergänzt. Bei völkerrechtlichen Verträgen, die eine Friedensregelung, die Vorbereitung einer Friedensregelung oder den Abbau einer besatzungsrechtlichen Ordnung zum Gegenstand haben oder der Verteidigung der Bundesrepublik zu dienen bestimmt sind, genügt zur Klarstellung, daß die Bestimmungen des Grundgesetzes dem Abschluß und dem Inkraftsetzen der Verträge nicht entgegenstehen, eine Ergänzung des Wortlautes des Grundgesetzes, die sich auf diese Klarstellung beschränkt.

(2) Ein solches Gesetz bedarf der Zustimmung von zwei Dritteln der Mitglieder des Bundestages und zwei Dritteln der Stimmen des Bundesrates.

(3) Eine Änderung dieses Grundgesetzes, durch welche die Gliederung des Bundes in Länder, die grundsätzliche Mitwirkung der Länder bei der Gesetzgebung oder die in den Artikeln 1 und 20 niedergelegten Grundsätze berührt werden, ist unzulässig.

Art. 80 [Erlass von Rechtsverordnungen]

(1) Durch Gesetz können die Bundesregierung, ein Bundesminister oder die Landesregierungen ermächtigt werden, Rechtsverordnungen zu erlassen. Dabei müssen Inhalt, Zweck und Ausmaß der erteilten Ermächtigung

im Gesetze bestimmt werden. Die Rechtsgrundlage ist in der Verordnung anzugeben. Ist durch Gesetz vorgesehen, daß eine Ermächtigung weiter übertragen werden kann, so bedarf es zur Übertragung der Ermächtigung einer Rechtsverordnung.

(2) Der Zustimmung des Bundesrates bedürfen, vorbehaltlich anderweitiger bundesgesetzlicher Regelung, Rechtsverordnungen der Bundesregierung oder eines Bundesministers über Grundsätze und Gebühren für die Benutzung der Einrichtungen des Postwesens und der Telekommunikation, über die Grundsätze der Erhebung des Entgelts für die Benutzung der Einrichtungen der Eisenbahnen des Bundes, über den Bau und Betrieb der Eisenbahnen, sowie Rechtsverordnungen auf Grund von Bundesgesetzen, die der Zustimmung des Bundesrates bedürfen oder die von den Ländern im Auftrage des Bundes oder als eigene Angelegenheit ausgeführt werden.

(3) Der Bundesrat kann der Bundesregierung Vorlagen für den Erlaß von Rechtsverordnungen zuleiten, die seiner Zustimmung bedürfen.

(4) Soweit durch Bundesgesetz oder auf Grund von Bundesgesetzen Landesregierungen ermächtigt werden, Rechtsverordnungen zu erlassen, sind die Länder zu einer Regelung auch durch Gesetz befugt.

Art. 80a [Spannungsfall]

(1) Ist in diesem Grundgesetz oder in einem Bundesgesetz über die Verteidigung einschließlich des Schutzes der Zivilbevölkerung bestimmt, daß Rechtsvorschriften nur nach Maßgabe dieses Artikels angewandt werden dürfen, so ist die Anwendung außer im Verteidigungsfalle nur zulässig, wenn der Bundestag den Eintritt des Spannungsfalles festgestellt oder wenn er der Anwendung besonders zugestimmt hat. Die Feststellung des Spannungsfalles und die besondere Zustimmung in den Fällen des Artikels 12a Abs. 5 Satz 1 und Abs. 6 Satz 2 bedürfen einer Mehrheit von zwei Dritteln der abgegebenen Stimmen.

(2) Maßnahmen auf Grund von Rechtsvorschriften nach Absatz 1 sind aufzuheben, wenn der Bundestag es verlangt.

(3) Abweichend von Absatz 1 ist die Anwendung solcher Rechtsvorschriften auch auf der Grundlage und nach Maßgabe eines Beschlusses zulässig, der von einem internationalen Organ im Rahmen eines Bündnisvertrages mit Zustimmung der Bundesregierung gefaßt wird. Maßnahmen nach diesem Absatz sind aufzuheben, wenn der Bundestag es mit der Mehrheit seiner Mitglieder verlangt.

Art. 81 [Gesetzgebungsnotstand]

(1) Wird im Falle des Artikels 68 der Bundestag nicht aufgelöst, so kann der Bundespräsident auf Antrag der Bundesregierung mit Zustimmung des Bundesrates für eine Gesetzesvorlage den Gesetzgebungsnotstand erklären, wenn der Bundestag sie ablehnt, obwohl die Bundesregierung sie als dringlich bezeichnet hat. Das gleiche gilt, wenn eine Gesetzesvorlage abgelehnt worden ist, obwohl der Bundeskanzler mit ihr den Antrag des Artikels 68 verbunden hatte.

(2) Lehnt der Bundestag die Gesetzesvorlage nach Erklärung des Gesetzgebungsnotstandes erneut ab oder nimmt er sie in einer für die Bundesregierung als unannehmbar bezeichneten Fassung an, so gilt das Gesetz als zustande gekommen, soweit der Bundesrat ihm zustimmt. Das gleiche gilt, wenn die Vorlage vom Bundestage nicht innerhalb von vier Wochen nach der erneuten Einbringung verabschiedet wird.

(3) Während der Amtszeit eines Bundeskanzlers kann auch jede andere vom Bundestage abgelehnte Gesetzesvorlage innerhalb einer Frist von sechs Monaten nach der ersten Erklärung des Gesetzgebungsnotstandes gemäß Absatz 1 und 2 verabschiedet werden. Nach Ablauf der Frist ist während der Amtszeit des gleichen Bundeskanzlers eine weitere Erklärung des Gesetzgebungsnotstandes unzulässig.

(4) Das Grundgesetz darf durch ein Gesetz, das nach Absatz 2 zustande kommt, weder geändert, noch ganz oder teilweise außer Kraft oder außer Anwendung gesetzt werden.

Art. 82 [Ausfertigung, Verkündung und Inkrafttreten von Gesetzen und Rechtsverordnungen]

(1) Die nach den Vorschriften dieses Grundgesetzes zustande gekommenen Gesetze werden vom Bundespräsidenten nach Gegenzeichnung ausgefertigt und im Bundesgesetzblatte verkündet. Rechtsverordnungen werden von der Stelle, die sie erläßt, ausgefertigt und vorbehaltlich anderweitiger gesetzlicher Regelung im Bundesgesetzblatte verkündet.

(2) Jedes Gesetz und jede Rechtsverordnung soll den Tag des Inkrafttretens bestimmen. Fehlt eine solche Bestimmung, so treten sie mit dem vierzehnten Tage nach Ablauf des Tages in Kraft, an dem das Bundesgesetzblatt ausgegeben worden ist.

VIII. Die Ausführung der Bundesgesetze und die Bundesverwaltung

Art. 83 [Verteilung der Verwaltungskompetenzen zwischen Bund und Ländern]

Die Länder führen die Bundesgesetze als eigene Angelegenheit aus, soweit dieses Grundgesetz nichts anderes bestimmt oder zuläßt.

Art. 84 [Ausführung durch die Länder als eigene Angelegenheit; Bundesaufsicht]

(1) *Führen die Länder die Bundesgesetze als eigene Angelegenheit aus, so regeln sie die Einrichtung der Behörden und das Verwaltungsverfahren. Wenn Bundesgesetze etwas anderes bestimmen, können die Länder davon abweichende Regelungen treffen. Hat ein Land eine abweichende Regelung nach Satz 2 getroffen, treten in diesem Land hierauf bezogene spätere bundesgesetzliche Regelungen der Einrichtung der Behörden und des Verwaltungsverfahrens frühestens sechs Monate nach ihrer Verkündung in Kraft, soweit nicht mit Zustimmung des Bundesrates anderes bestimmt ist. Artikel 72 Abs. 3 Satz 3 gilt entsprechend. In Ausnahmefällen kann der Bund wegen eines besonderen Bedürfnisses nach bundeseinheitlicher Regelung das Verwaltungsverfahren ohne Abweichungsmöglichkeit für die Länder regeln. Diese Gesetze bedürfen der Zustimmung des Bundesrates. Durch Bundesgesetz dürfen Gemeinden und Gemeindeverbänden Aufgaben nicht übertragen werden.*

(2) Die Bundesregierung kann mit Zustimmung des Bundesrates allgemeine Verwaltungsvorschriften erlassen.

(3) Die Bundesregierung übt die Aufsicht darüber aus, daß die Länder die Bundesgesetze dem geltenden Rechte gemäß ausführen. Die Bundesregierung kann zu diesem Zwecke Beauftragte zu den obersten Landesbehörden entsenden, mit deren Zustimmung und, falls diese Zustimmung versagt wird, mit Zustimmung des Bundesrates auch zu den nachgeordneten Behörden.

(4) Werden Mängel, die die Bundesregierung bei der Ausführung der Bundesgesetze in den Ländern festgestellt hat, nicht beseitigt, so beschließt auf Antrag der Bundesregierung oder des Landes der Bundesrat, ob das Land das Recht verletzt hat. Gegen den Beschluß des Bundesrates kann das Bundesverfassungsgericht angerufen werden.

(5) Der Bundesregierung kann durch Bundesgesetz, das der Zustimmung des Bundesrates bedarf, zur Ausführung von Bundesgesetzen die Befug-

nis verliehen werden, für besondere Fälle Einzelweisungen zu erteilen. Sie sind, außer wenn die Bundesregierung den Fall für dringlich erachtet, an die obersten Landesbehörden zu richten.

Art. 85 [Bundesauftragsverwaltung]

(1) Führen die Länder die Bundesgesetze im Auftrage des Bundes aus, so bleibt die Einrichtung der Behörden Angelegenheit der Länder, soweit nicht Bundesgesetze mit Zustimmung des Bundesrates etwas anderes bestimmen. *Durch Bundesgesetz dürfen Gemeinden und Gemeindeverbänden Aufgaben nicht übertragen werden.*

(2) Die Bundesregierung kann mit Zustimmung des Bundesrates allgemeine Verwaltungsvorschriften erlassen. Sie kann die einheitliche Ausbildung der Beamten und Angestellten regeln. Die Leiter der Mittelbehörden sind mit ihrem Einvernehmen zu bestellen.

(3) Die Landesbehörden unterstehen den Weisungen der zuständigen obersten Bundesbehörden. Die Weisungen sind, außer wenn die Bundesregierung es für dringlich erachtet, an die obersten Landesbehörden zu richten. Der Vollzug der Weisung ist durch die obersten Landesbehörden sicherzustellen.

(4) Die Bundesaufsicht erstreckt sich auf Gesetzmäßigkeit und Zweckmäßigkeit der Ausführung. Die Bundesregierung kann zu diesem Zwecke Bericht und Vorlage der Akten verlangen und Beauftragte zu allen Behörden entsenden.

Art. 86 [Bundeseigene Verwaltung]

Führt der Bund die Gesetze durch bundeseigene Verwaltung oder durch bundesunmittelbare Körperschaften oder Anstalten des öffentlichen Rechtes aus, so erläßt die Bundesregierung, soweit nicht das Gesetz Besonderes vorschreibt, die allgemeinen Verwaltungsvorschriften. Sie regelt, soweit das Gesetz nichts anderes bestimmt, die Einrichtung der Behörden.

Art. 87 [Gegenstände bundeseigener Verwaltung]

(1) In bundeseigener Verwaltung mit eigenem Verwaltungsunterbau werden geführt der Auswärtige Dienst, die Bundesfinanzverwaltung und nach Maßgabe des Artikels 89 die Verwaltung der Bundeswasserstraßen und der Schiffahrt. Durch Bundesgesetz können Bundesgrenzschutzbehörden,

Zentralstellen für das polizeiliche Auskunfts- und Nachrichtenwesen, für die Kriminalpolizei und zur Sammlung von Unterlagen für Zwecke des Verfassungsschutzes und des Schutzes gegen Bestrebungen im Bundesgebiet, die durch Anwendung von Gewalt oder darauf gerichtete Vorbereitungshandlungen auswärtige Belange der Bundesrepublik Deutschland gefährden, eingerichtet werden.

(2) Als bundesunmittelbare Körperschaften des öffentlichen Rechtes werden diejenigen sozialen Versicherungsträger geführt, deren Zuständigkeitsbereich sich über das Gebiet eines Landes hinaus erstreckt. Soziale Versicherungsträger, deren Zuständigkeitsbereich sich über das Gebiet eines Landes, aber nicht über mehr als drei Länder hinaus erstreckt, werden abweichend von Satz 1 als landesunmittelbare Körperschaften des öffentlichen Rechtes geführt, wenn das aufsichtsführende Land durch die beteiligten Länder bestimmt ist.

(3) Außerdem können für Angelegenheiten, für die dem Bunde die Gesetzgebung zusteht, selbständige Bundesoberbehörden und neue bundesunmittelbare Körperschaften und Anstalten des öffentlichen Rechtes durch Bundesgesetz errichtet werden. Erwachsen dem Bunde auf Gebieten, für die ihm die Gesetzgebung zusteht, neue Aufgaben, so können bei dringendem Bedarf bundeseigene Mittel- und Unterbehörden mit Zustimmung des Bundesrates und der Mehrheit der Mitglieder des Bundestages errichtet werden.

Art. 87a [Aufstellung und Einsatz der Streitkräfte]

(1) Der Bund stellt Streitkräfte zur Verteidigung auf. Ihre zahlenmäßige Stärke und die Grundzüge ihrer Organisation müssen sich aus dem Haushaltsplan ergeben.

(2) Außer zur Verteidigung dürfen die Streitkräfte nur eingesetzt werden, soweit dieses Grundgesetz es ausdrücklich zuläßt.

(3) Die Streitkräfte haben im Verteidigungsfalle und im Spannungsfalle die Befugnis, zivile Objekte zu schützen und Aufgaben der Verkehrsregelung wahrzunehmen, soweit dies zur Erfüllung ihres Verteidigungsauftrages erforderlich ist. Außerdem kann den Streitkräften im Verteidigungsfalle und im Spannungsfalle der Schutz ziviler Objekte auch zur Unterstützung polizeilicher Maßnahmen übertragen werden; die Streitkräfte wirken dabei mit den zuständigen Behörden zusammen.

(4) Zur Abwehr einer drohenden Gefahr für den Bestand oder die freiheitliche demokratische Grundordnung des Bundes oder eines Landes kann

die Bundesregierung, wenn die Voraussetzungen des Artikels 91 Abs. 2 vorliegen und die Polizeikräfte sowie der Bundesgrenzschutz nicht ausreichen, Streitkräfte zur Unterstützung der Polizei und des Bundesgrenzschutzes beim Schutze von zivilen Objekten und bei der Bekämpfung organisierter und militärisch bewaffneter Aufständischer einsetzen. Der Einsatz von Streitkräften ist einzustellen, wenn der Bundestag oder der Bundesrat es verlangen.

Art. 87b [Bundeswehrverwaltung]

(1) Die Bundeswehrverwaltung wird in bundeseigener Verwaltung mit eigenem Verwaltungsunterbau geführt. Sie dient den Aufgaben des Personalwesens und der unmittelbaren Deckung des Sachbedarfs der Streitkräfte. Aufgaben der Beschädigtenversorgung und des Bauwesens können der Bundeswehrverwaltung nur durch Bundesgesetz, das der Zustimmung des Bundesrates bedarf, übertragen werden. Der Zustimmung des Bundesrates bedürfen ferner Gesetze, soweit sie die Bundeswehrverwaltung zu Eingriffen in Rechte Dritter ermächtigen; das gilt nicht für Gesetze auf dem Gebiete des Personalwesens.

(2) Im übrigen können Bundesgesetze, die der Verteidigung einschließlich des Wehrersatzwesens und des Schutzes der Zivilbevölkerung dienen, mit Zustimmung des Bundesrates bestimmen, daß sie ganz oder teilweise in bundeseigener Verwaltung mit eigenem Verwaltungsunterbau oder von den Ländern im Auftrage des Bundes ausgeführt werden. Werden solche Gesetze von den Ländern im Auftrage des Bundes ausgeführt, so können sie mit Zustimmung des Bundesrates bestimmen, daß die der Bundesregierung und den zuständigen obersten Bundesbehörden auf Grund des Artikels 85 zustehenden Befugnisse ganz oder teilweise Bundesoberbehörden übertragen werden; dabei kann bestimmt werden, daß diese Behörden beim Erlaß allgemeiner Verwaltungsvorschriften gemäß Artikel 85 Abs. 2 Satz 1 nicht der Zustimmung des Bundesrates bedürfen.

Art. 87c [Verwaltung auf dem Gebiet der Kernenergie]

Gesetze, die auf Grund des Artikels *73 Abs. 1 Nr. 14* ergehen, können mit Zustimmung des Bundesrates bestimmen, daß sie von den Ländern im Auftrage des Bundes ausgeführt werden.

Art. 87d [Luftverkehrsverwaltung]

(1) Die Luftverkehrsverwaltung wird in bundeseigener Verwaltung geführt. Über die öffentlich-rechtliche oder privat-rechtliche Organisationsform wird durch Bundesgesetz entschieden.

(2) Durch Bundesgesetz, das der Zustimmung des Bundesrates bedarf, können Aufgaben der Luftverkehrsverwaltung den Ländern als Auftragsverwaltung übertragen werden.

Art. 87e [Verwaltung der Eisenbahnen des Bundes]

(1) Die Eisenbahnverkehrsverwaltung für Eisenbahnen des Bundes wird in bundeseigener Verwaltung geführt. Durch Bundesgesetz können Aufgaben der Eisenbahnverkehrsverwaltung den Ländern als eigene Angelegenheit übertragen werden.

(2) Der Bund nimmt die über den Bereich der Eisenbahnen des Bundes hinausgehenden Aufgaben der Eisenbahnverkehrsverwaltung wahr, die ihm durch Bundesgesetz übertragen werden.

(3) Eisenbahnen des Bundes werden als Wirtschaftsunternehmen in privat-rechtlicher Form geführt. Diese stehen im Eigentum des Bundes, soweit die Tätigkeit des Wirtschaftsunternehmens den Bau, die Unterhaltung und das Betreiben von Schienenwegen umfaßt. Die Veräußerung von Anteilen des Bundes an den Unternehmen nach Satz 2 erfolgt auf Grund eines Gesetzes; die Mehrheit der Anteile an diesen Unternehmen verbleibt beim Bund. Das Nähere wird durch Bundesgesetz geregelt.

(4) Der Bund gewährleistet, daß dem Wohl der Allgemeinheit, insbesondere den Verkehrsbedürfnissen, beim Ausbau und Erhalt des Schienennetzes der Eisenbahnen des Bundes sowie bei deren Verkehrsangeboten auf diesem Schienennetz, soweit diese nicht den Schienenpersonennahverkehr betreffen, Rechnung getragen wird. Das Nähere wird durch Bundesgesetz geregelt.

(5) Gesetze auf Grund der Absätze 1 bis 4 bedürfen der Zustimmung des Bundesrates. Der Zustimmung des Bundesrates bedürfen ferner Gesetze, die die Auflösung, die Verschmelzung und die Aufspaltung von Eisenbahnunternehmen des Bundes, die Übertragung von Schienenwegen der Eisenbahnen des Bundes an Dritte sowie die Stillegung von Schienenwegen der Eisenbahnen des Bundes regeln oder Auswirkungen auf den Schienenpersonennahverkehr haben.

Art. 87f [Verwaltung des Postwesens und der Telekommunikation]

(1) Nach Maßgabe eines Bundesgesetzes, das der Zustimmung des Bundesrates bedarf, gewährleistet der Bund im Bereich des Postwesens und der Telekommunikation flächendeckend angemessene und ausreichende Dienstleistungen.

(2) Dienstleistungen im Sinne des Absatzes 1 werden als privatwirtschaftliche Tätigkeiten durch die aus dem Sondervermögen Deutsche Bundespost hervorgegangenen Unternehmen und durch andere private Anbieter erbracht. Hoheitsaufgaben im Bereich des Postwesens und der Telekommunikation werden in bundeseigener Verwaltung ausgeführt.

(3) Unbeschadet des Absatzes 2 Satz 2 führt der Bund in der Rechtsform einer bundesunmittelbaren Anstalt des öffentlichen Rechts einzelne Aufgaben in bezug auf die aus dem Sondervermögen Deutsche Bundespost hervorgegangenen Unternehmen nach Maßgabe eines Bundesgesetzes aus.

Art. 88 [Bundesbank]

Der Bund errichtet eine Währungs- und Notenbank als Bundesbank. Ihre Aufgaben und Befugnisse können im Rahmen der Europäischen Union der Europäischen Zentralbank übertragen werden, die unabhängig ist und dem vorrangigen Ziel der Sicherung der Preisstabilität verpflichtet.

Art. 89 [Bundeswasserstraßen]

(1) Der Bund ist Eigentümer der bisherigen Reichswasserstraßen.

(2) Der Bund verwaltet die Bundeswasserstraßen durch eigene Behörden. Er nimmt die über den Bereich eines Landes hinausgehenden staatlichen Aufgaben der Binnenschiffahrt und die Aufgaben der Seeschiffahrt wahr, die ihm durch Gesetz übertragen werden. Er kann die Verwaltung von Bundeswasserstraßen, soweit sie im Gebiete eines Landes liegen, diesem Lande auf Antrag als Auftragsverwaltung übertragen. Berührt eine Wasserstraße das Gebiet mehrerer Länder, so kann der Bund das Land beauftragen, für das die beteiligten Länder es beantragen.

(3) Bei der Verwaltung, dem Ausbau und dem Neubau von Wasserstraßen sind die Bedürfnisse der Landeskultur und der Wasserwirtschaft im Einvernehmen mit den Ländern zu wahren.

Art. 90 [Bundesstraßen und -autobahnen]

(1) Der Bund ist Eigentümer der bisherigen Reichsautobahnen und Reichsstraßen.

(2) Die Länder oder die nach Landesrecht zuständigen Selbstverwaltungskörperschaften verwalten die Bundesautobahnen und sonstigen Bundesstraßen des Fernverkehrs im Auftrage des Bundes.

(3) Auf Antrag eines Landes kann der Bund Bundesautobahnen und sonstige Bundesstraßen des Fernverkehrs, soweit sie im Gebiet dieses Landes liegen, in bundeseigene Verwaltung übernehmen.

Art. 91 [Innerer Notstand]

(1) Zur Abwehr einer drohenden Gefahr für den Bestand oder die freiheitliche demokratische Grundordnung des Bundes oder eines Landes kann ein Land Polizeikräfte anderer Länder sowie Kräfte und Einrichtungen anderer Verwaltungen und des Bundesgrenzschutzes anfordern.

(2) Ist das Land, in dem die Gefahr droht, nicht selbst zur Bekämpfung der Gefahr bereit oder in der Lage, so kann die Bundesregierung die Polizei in diesem Lande und die Polizeikräfte anderer Länder ihren Weisungen unterstellen sowie Einheiten des Bundesgrenzschutzes einsetzen. Die Anordnung ist nach Beseitigung der Gefahr, im übrigen jederzeit auf Verlangen des Bundesrates aufzuheben. Erstreckt sich die Gefahr auf das Gebiet mehr als eines Landes, so kann die Bundesregierung, soweit es zur wirksamen Bekämpfung erforderlich ist, den Landesregierungen Weisungen erteilen; Satz 1 und Satz 2 bleiben unberührt.

VIIIa. Gemeinschaftsaufgaben

Art. 91a [Mitwirkung des Bundes bei Gemeinschaftsaufgaben]

(1) Der Bund wirkt auf folgenden Gebieten bei der Erfüllung von Aufgaben der Länder mit, wenn diese Aufgaben für die Gesamtheit bedeutsam sind und die Mitwirkung des Bundes zur Verbesserung der Lebensverhältnisse erforderlich ist (Gemeinschaftsaufgaben):

1. Verbesserung der regionalen Wirtschaftsstruktur,
2. Verbesserung der Agrarstruktur und des Küstenschutzes.

(2) Durch Bundesgesetz mit Zustimmung des Bundesrates werden die Gemeinschaftsaufgaben sowie Einzelheiten der Koordinierung näher bestimmt.

(3) Der Bund trägt in den Fällen des Absatzes 1 Nr. 1 die Hälfte der Ausgaben in jedem Land. In den Fällen des Absatzes 1 Nr. 2 trägt der Bund mindestens die Hälfte; die Beteiligung ist für alle Länder einheitlich festzusetzen. Das Nähere regelt das Gesetz. Die Bereitstellung der Mittel bleibt der Feststellung in den Haushaltsplänen des Bundes und der Länder vorbehalten.

(4) [entfallen]

(5) [aufgehoben]

Art. 91b *[Zusammenwirken bei Wissenschaft, Forschung und in der Bildungsberichterstattung]*

(1) Bund und Länder können auf Grund von Vereinbarungen in Fällen überregionaler Bedeutung zusammenwirken bei der Förderung von:

1. Einrichtungen und Vorhaben der wissenschaftlichen Forschung außerhalb von Hochschulen;
2. Vorhaben der Wissenschaft und Forschung an Hochschulen;
3. Forschungsbauten an Hochschulen einschließlich Großgeräten.

Vereinbarungen nach Satz 1 Nr. 2 bedürfen der Zustimmung aller Länder.

(2) Bund und Länder können auf Grund von Vereinbarungen zur Feststellung der Leistungsfähigkeit des Bildungswesens im internationalen Vergleich und bei diesbezüglichen Berichten und Empfehlungen zusammenwirken.

(3) Die Kostentragung wird in der Vereinbarung geregelt.

IX. Die Rechtsprechung

Art. 92 [Gerichtsorganisation]

Die rechtsprechende Gewalt ist den Richtern anvertraut; sie wird durch das Bundesverfassungsgericht, durch die in diesem Grundgesetze vorgesehenen Bundesgerichte und durch die Gerichte der Länder ausgeübt.

Art. 93 [Zuständigkeit des Bundesverfassungsgerichts]

(1) Das Bundesverfassungsgericht entscheidet:

1. über die Auslegung dieses Grundgesetzes aus Anlaß von Streitigkeiten über den Umfang der Rechte und Pflichten eines obersten Bundesor-

gans oder anderer Beteiligter, die durch dieses Grundgesetz oder in der Geschäftsordnung eines obersten Bundesorgans mit eigenen Rechten ausgestattet sind;

2. bei Meinungsverschiedenheiten oder Zweifeln über die förmliche und sachliche Vereinbarkeit von Bundesrecht oder Landesrecht mit diesem Grundgesetze oder die Vereinbarkeit von Landesrecht mit sonstigem Bundesrechte auf Antrag der Bundesregierung, einer Landesregierung oder eines Drittels der Mitglieder des Bundestages;

2a. bei Meinungsverschiedenheiten, ob ein Gesetz den Voraussetzungen des Artikels 72 Abs. 2 entspricht, auf Antrag des Bundesrates, einer Landesregierung oder der Volksvertretung eines Landes;

3. bei Meinungsverschiedenheiten über Rechte und Pflichten des Bundes und der Länder, insbesondere bei der Ausführung von Bundesrecht durch die Länder und bei der Ausübung der Bundesaufsicht;

4. in anderen öffentlich-rechtlichen Streitigkeiten zwischen dem Bunde und den Ländern, zwischen verschiedenen Ländern oder innerhalb eines Landes, soweit nicht ein anderer Rechtsweg gegeben ist;

4a. über Verfassungsbeschwerden, die von jedermann mit der Behauptung erhoben werden können, durch die öffentliche Gewalt in einem seiner Grundrechte oder in einem seiner in Artikel 20 Abs. 4, 33, 38, 101, 103 und 104 enthaltenen Rechte verletzt zu sein;

4b. über Verfassungsbeschwerden von Gemeinden und Gemeindeverbänden wegen Verletzung des Rechts auf Selbstverwaltung nach Artikel 28 durch ein Gesetz, bei Landesgesetzen jedoch nur, soweit nicht Beschwerde beim Landesverfassungsgericht erhoben werden kann;

5. in den übrigen in diesem Grundgesetze vorgesehenen Fällen.

(2) Das Bundesverfassungsgericht entscheidet außerdem auf Antrag des Bundesrates, einer Landesregierung oder der Volksvertretung eines Landes, ob im Falle des Artikels 72 Abs. 4 die Erforderlichkeit für eine bundesgesetzliche Regelung nach Artikel 72 Abs. 2 nicht mehr besteht oder Bundesrecht in den Fällen des Artikels 125a Abs. 2 Satz 1 nicht mehr erlassen werden könnte. Die Feststellung, dass die Erforderlichkeit entfallen ist oder Bundesrecht nicht mehr erlassen werden könnte, ersetzt ein Bundesgesetz nach Artikel 72 Abs. 4 oder nach Artikel 125a Abs. 2 Satz 2. Der Antrag nach Satz 1 ist nur zulässig, wenn eine Gesetzesvorlage nach Artikel 72 Abs. 4 oder nach Artikel 125a Abs. 2 Satz 2 im Bundestag abgelehnt oder über sie nicht innerhalb eines Jahres beraten und Beschluss gefasst oder wenn eine entsprechende Gesetzesvorlage im Bundesrat abgelehnt worden ist.

(3) Das Bundesverfassungsgericht wird ferner in den ihm sonst durch Bundesgesetz zugewiesenen Fällen tätig.

Art. 94 [Zusammensetzung und Verfahren des Bundesverfassungsgerichts]

(1) Das Bundesverfassungsgericht besteht aus Bundesrichtern und anderen Mitgliedern. Die Mitglieder des Bundesverfassungsgerichtes werden je zur Hälfte vom Bundestage und vom Bundesrate gewählt. Sie dürfen weder dem Bundestage, dem Bundesrate, der Bundesregierung noch entsprechenden Organen eines Landes angehören.

(2) Ein Bundesgesetz regelt seine Verfassung und das Verfahren und bestimmt, in welchen Fällen seine Entscheidungen Gesetzeskraft haben. Es kann für Verfassungsbeschwerden die vorherige Erschöpfung des Rechtsweges zur Voraussetzung machen und ein besonderes Annahmeverfahren vorsehen.

Art. 95 [Oberste Gerichtshöfe des Bundes]

(1) Für die Gebiete der ordentlichen, der Verwaltungs-, der Finanz-, der Arbeits- und der Sozialgerichtsbarkeit errichtet der Bund als oberste Gerichtshöfe den Bundesgerichtshof, das Bundesverwaltungsgericht, den Bundesfinanzhof, das Bundesarbeitsgericht und das Bundessozialgericht.

(2) Über die Berufung der Richter dieser Gerichte entscheidet der für das jeweilige Sachgebiet zuständige Bundesminister gemeinsam mit einem Richterwahlausschuß, der aus den für das jeweilige Sachgebiet zuständigen Ministern der Länder und einer gleichen Anzahl von Mitgliedern besteht, die vom Bundestage gewählt werden.

(3) Zur Wahrung der Einheitlichkeit der Rechtsprechung ist ein Gemeinsamer Senat der in Absatz 1 genannten Gerichte zu bilden. Das Nähere regelt ein Bundesgesetz.

Art. 96 [Andere Bundesgerichte]

(1) Der Bund kann für Angelegenheiten des gewerblichen Rechtsschutzes ein Bundesgericht errichten.

(2) Der Bund kann Wehrstrafgerichte für die Streitkräfte als Bundesgerichte errichten. Sie können die Strafgerichtsbarkeit nur im Verteidigungsfalle sowie über Angehörige der Streitkräfte ausüben, die in das Ausland entsandt oder an Bord von Kriegsschiffen eingeschifft sind. Das Nähere

regelt ein Bundesgesetz. Diese Gerichte gehören zum Geschäftsbereich des Bundesjustizministers. Ihre hauptamtlichen Richter müssen die Befähigung zum Richteramt haben.

(3) Oberster Gerichtshof für die in Absatz 1 und 2 genannten Gerichte ist der Bundesgerichtshof.

(4) Der Bund kann für Personen, die zu ihm in einem öffentlich-rechtlichen Dienstverhältnis stehen, Bundesgerichte zur Entscheidung in Disziplinarverfahren und Beschwerdeverfahren errichten.

(5) Für Strafverfahren auf den folgenden Gebieten kann ein Bundesgesetz mit Zustimmung des Bundesrates vorsehen, dass Gerichte der Länder Gerichtsbarkeit des Bundes ausüben:
1. Völkermord;
2. völkerstrafrechtliche Verbrechen gegen die Menschlichkeit;
3. Kriegsverbrechen;
4. andere Handlungen, die geeignet sind und in der Absicht vorgenommen werden, das friedliche Zusammenleben der Völker zu stören (Artikel 26 Abs. 1);
5. Staatsschutz.

Art. 97 [Richterliche Unabhängigkeit]

(1) Die Richter sind unabhängig und nur dem Gesetze unterworfen.

(2) Die hauptamtlich und planmäßig endgültig angestellten Richter können wider ihren Willen nur kraft richterlicher Entscheidung und nur aus Gründen und unter den Formen, welche die Gesetze bestimmen, vor Ablauf ihrer Amtszeit entlassen oder dauernd oder zeitweise ihres Amtes enthoben oder an eine andere Stelle oder in den Ruhestand versetzt werden. Die Gesetzgebung kann Altersgrenzen festsetzen, bei deren Erreichung auf Lebenszeit angestellte Richter in den Ruhestand treten. Bei Veränderung der Einrichtung der Gerichte oder ihrer Bezirke können Richter an ein anderes Gericht versetzt oder aus dem Amte entfernt werden, jedoch nur unter Belassung des vollen Gehaltes.

Art. 98 [Rechtsstellung der Richter in Bund und Ländern]

(1) Die Rechtsstellung der Bundesrichter ist durch besonderes Bundesgesetz zu regeln.

(2) Wenn ein Bundesrichter im Amte oder außerhalb des Amtes gegen die Grundsätze des Grundgesetzes oder gegen die verfassungsmäßige Ord-

nung eines Landes verstößt, so kann das Bundesverfassungsgericht mit Zweidrittelmehrheit auf Antrag des Bundestages anordnen, daß der Richter in ein anderes Amt oder in den Ruhestand zu versetzen ist. Im Falle eines vorsätzlichen Verstoßes kann auf Entlassung erkannt werden.

(3) Die Rechtsstellung der Richter in den Ländern ist durch besondere Landesgesetze zu regeln, *soweit Artikel 74 Abs. 1 Nr. 27 nichts anderes bestimmt.*

(4) Die Länder können bestimmen, daß über die Anstellung der Richter in den Ländern der Landesjustizminister gemeinsam mit einem Richterwahlausschuß entscheidet.

(5) Die Länder können für Landesrichter eine Absatz 2 entsprechende Regelung treffen. Geltendes Landesverfassungsrecht bleibt unberührt. Die Entscheidung über eine Richteranklage steht dem Bundesverfassungsgericht zu.

Art. 99 [Entscheidung landesverfassungsrechtlicher Streitigkeiten durch Bundesgerichte]

Dem Bundesverfassungsgerichte kann durch Landesgesetz die Entscheidung von Verfassungsstreitigkeiten innerhalb eines Landes, den in Artikel 95 Abs. 1 genannten obersten Gerichtshöfen für den letzten Rechtszug die Entscheidung in solchen Sachen zugewiesen werden, bei denen es sich um die Anwendung von Landesrecht handelt.

Art. 100 [Gerichtliche Vorlagen an das Bundesverfassungsgericht (Normenkontrollverfahren)]

(1) Hält ein Gericht ein Gesetz, auf dessen Gültigkeit es bei der Entscheidung ankommt, für verfassungswidrig, so ist das Verfahren auszusetzen und, wenn es sich um die Verletzung der Verfassung eines Landes handelt, die Entscheidung des für Verfassungsstreitigkeiten zuständigen Gerichtes des Landes, wenn es sich um die Verletzung dieses Grundgesetzes handelt, die Entscheidung des Bundesverfassungsgerichtes einzuholen. Dies gilt auch, wenn es sich um die Verletzung dieses Grundgesetzes durch Landesrecht oder um die Unvereinbarkeit eines Landesgesetzes mit einem Bundesgesetze handelt.

(2) Ist in einem Rechtsstreite zweifelhaft, ob eine Regel des Völkerrechtes Bestandteil des Bundesrechtes ist und ob sie unmittelbar Rechte und Pflichten für den Einzelnen erzeugt (Artikel 25), so hat das Gericht die Entscheidung des Bundesverfassungsgerichtes einzuholen.

(3) Will das Verfassungsgericht eines Landes bei der Auslegung des Grundgesetzes von einer Entscheidung des Bundesverfassungsgerichtes oder des Verfassungsgerichtes eines anderen Landes abweichen, so hat das Verfassungsgericht die Entscheidung des Bundesverfassungsgerichtes einzuholen.

Art. 101 [Recht auf den gesetzlichen Richter]

(1) Ausnahmegerichte sind unzulässig. Niemand darf seinem gesetzlichen Richter entzogen werden.

(2) Gerichte für besondere Sachgebiete können nur durch Gesetz errichtet werden.

Art. 102 [Abschaffung der Todesstrafe]

Die Todesstrafe ist abgeschafft.

Art. 103 [Anspruch auf rechtliches Gehör; Verbot rückwirkender Strafgesetze und der Doppelbestrafung]

(1) Vor Gericht hat jedermann Anspruch auf rechtliches Gehör.

(2) Eine Tat kann nur bestraft werden, wenn die Strafbarkeit gesetzlich bestimmt war, bevor die Tat begangen wurde.

(3) Niemand darf wegen derselben Tat auf Grund der allgemeinen Strafgesetze mehrmals bestraft werden.

Art. 104 [Rechtsgarantien bei Freiheitsentziehung]

(1) Die Freiheit der Person kann nur auf Grund eines förmlichen Gesetzes und nur unter Beachtung der darin vorgeschriebenen Formen beschränkt werden. Festgehaltene Personen dürfen weder seelisch noch körperlich mißhandelt werden.

(2) Über die Zulässigkeit und Fortdauer einer Freiheitsentziehung hat nur der Richter zu entscheiden. Bei jeder nicht auf richterlicher Anordnung beruhenden Freiheitsentziehung ist unverzüglich eine richterliche Entscheidung herbeizuführen. Die Polizei darf aus eigener Machtvollkommenheit niemanden länger als bis zum Ende des Tages nach dem Ergreifen in eigenem Gewahrsam halten. Das Nähere ist gesetzlich zu regeln.

(3) Jeder wegen des Verdachtes einer strafbaren Handlung vorläufig Festgenommene ist spätestens am Tage nach der Festnahme dem Richter vor-

zuführen, der ihm die Gründe der Festnahme mitzuteilen, ihn zu vernehmen und ihm Gelegenheit zu Einwendungen zu geben hat. Der Richter hat unverzüglich entweder einen mit Gründen versehenen schriftlichen Haftbefehl zu erlassen oder die Freilassung anzuordnen.

(4) Von jeder richterlichen Entscheidung über die Anordnung oder Fortdauer einer Freiheitsentziehung ist unverzüglich ein Angehöriger des Festgehaltenen oder eine Person seines Vertrauens zu benachrichtigen.

X. Das Finanzwesen

Art. 104a [Verteilung der Finanzierungskompetenzen zwischen Bund und Ländern]

(1) Der Bund und die Länder tragen gesondert die Ausgaben, die sich aus der Wahrnehmung ihrer Aufgaben ergeben, soweit dieses Grundgesetz nichts anderes bestimmt.

(2) Handeln die Länder im Auftrage des Bundes, trägt der Bund die sich daraus ergebenden Ausgaben.

(3) Bundesgesetze, die Geldleistungen gewähren und von den Ländern ausgeführt werden, können bestimmen, daß die Geldleistungen ganz oder zum Teil vom Bund getragen werden. Bestimmt das Gesetz, daß der Bund die Hälfte der Ausgaben oder mehr trägt, wird es im Auftrage des Bundes durchgeführt.

(4) *Bundesgesetze, die Pflichten der Länder zur Erbringung von Geldleistungen, geldwerten Sachleistungen oder vergleichbaren Dienstleistungen gegenüber Dritten begründen und von den Ländern als eigene Angelegenheit oder nach Absatz 3 Satz 2 im Auftrag des Bundes ausgeführt werden, bedürfen der Zustimmung des Bundesrates, wenn daraus entstehende Ausgaben von den Ländern zu tragen sind.*

(5) Der Bund und die Länder tragen die bei ihren Behörden entstehenden Verwaltungsausgaben und haften im Verhältnis zueinander für eine ordnungsmäßige Verwaltung. Das Nähere bestimmt ein Bundesgesetz, das der Zustimmung des Bundesrates bedarf.

(6) Bund und Länder tragen nach der innerstaatlichen Zuständigkeits- und Aufgabenverteilung die Lasten einer Verletzung von supranationalen oder völkerrechtlichen Verpflichtungen Deutschlands. In Fällen länderübergreifender Finanzkorrekturen der Europäischen Union tragen Bund und Länder diese Lasten im Verhältnis 15 zu 85. Die Ländergesamtheit

trägt in diesen Fällen solidarisch 35 vom Hundert der Gesamtlasten entsprechend einem allgemeinen Schlüssel; 50 vom Hundert der Gesamtlasten tragen die Länder, die die Lasten verursacht haben, anteilig entsprechend der Höhe der erhaltenen Mittel. Das Nähere regelt ein Bundesgesetz, das der Zustimmung des Bundesrates bedarf.

Art. 104b [Finanzhilfen des Bundes]

(1) Der Bund kann, soweit dieses Grundgesetz ihm Gesetzgebungsbefugnisse verleiht, den Ländern Finanzhilfen für besonders bedeutsame Investitionen der Länder und der Gemeinden (Gemeindeverbände) gewähren, die

1. *zur Abwehr einer Störung des gesamtwirtschaftlichen Gleichgewichts oder*
2. *zum Ausgleich unterschiedlicher Wirtschaftskraft im Bundesgebiet oder*
3. *zur Förderung des wirtschaftlichen Wachstums*

erforderlich sind.

(2) Das Nähere, insbesondere die Arten der zu fördernden Investitionen, wird durch Bundesgesetz, das der Zustimmung des Bundesrates bedarf, oder auf Grund des Bundeshaushaltsgesetzes durch Verwaltungsvereinbarung geregelt. Die Mittel sind befristet zu gewähren und hinsichtlich ihrer Verwendung in regelmäßigen Zeitabständen zu überprüfen. Die Finanzhilfen sind im Zeitablauf mit fallenden Jahresbeträgen zu gestalten.

(3) Bundestag, Bundesregierung und Bundesrat sind auf Verlangen über die Durchführung der Maßnahmen und die erzielten Verbesserungen zu unterrichten.

Art. 105 [Verteilung der Gesetzgebungskompetenzen im Steuerwesen]

(1) Der Bund hat die ausschließliche Gesetzgebung über die Zölle und Finanzmonopole.

(2) Der Bund hat die konkurrierende Gesetzgebung über die übrigen Steuern, wenn ihm das Aufkommen dieser Steuern ganz oder zum Teil zusteht oder die Voraussetzungen des Artikels 72 Abs. 2 vorliegen.

(2a) Die Länder haben die Befugnis zur Gesetzgebung über die örtlichen Verbrauch- und Aufwandsteuern, solange und soweit sie nicht bundesgesetzlich geregelten Steuern gleichartig sind. *Sie haben die Befugnis zur Bestimmung des Steuersatzes bei der Grunderwerbsteuer.*

(3) Bundesgesetze über Steuern, deren Aufkommen den Ländern oder den Gemeinden (Gemeindeverbänden) ganz oder zum Teil zufließt, bedürfen der Zustimmung des Bundesrates.

Art. 106 [Verteilung des Steueraufkommens]

(1) Der Ertrag der Finanzmonopole und das Aufkommen der folgenden Steuern stehen dem Bund zu:

1. die Zölle,
2. die Verbrauchsteuern, soweit sie nicht nach Absatz 2 den Ländern, nach Absatz 3 Bund und Ländern gemeinsam oder nach Absatz 6 den Gemeinden zustehen,
3. die Straßengüterverkehrsteuer,
4. die Kapitalverkehrsteuern, die Versicherungsteuer und die Wechselsteuer,
5. die einmaligen Vermögensabgaben und die zur Durchführung des Lastenausgleichs erhobenen Ausgleichsabgaben,
6. die Ergänzungsabgabe zur Einkommensteuer und zur Körperschaftsteuer,
7. Abgaben im Rahmen der Europäischen Gemeinschaften.

(2) Das Aufkommen der folgenden Steuern steht den Ländern zu:

1. die Vermögensteuer,
2. die Erbschaftsteuer,
3. die Kraftfahrzeugsteuer,
4. die Verkehrsteuern, soweit sie nicht nach Absatz 1 dem Bund oder nach Absatz 3 Bund und Ländern gemeinsam zustehen,
5. die Biersteuer,
6. die Abgabe von Spielbanken.

(3) Das Aufkommen der Einkommensteuer, der Körperschaftsteuer und der Umsatzsteuer steht dem Bund und den Ländern gemeinsam zu (Gemeinschaftsteuern), soweit das Aufkommen der Einkommensteuer nicht nach Absatz 5 und das Aufkommen der Umsatzsteuer nicht nach Absatz 5a den Gemeinden zugewiesen wird. Am Aufkommen der Einkommensteuer und der Körperschaftsteuer sind der Bund und die Länder je zur Hälfte beteiligt. Die Anteile von Bund und Ländern an der Umsatzsteuer werden durch Bundesgesetz, das der Zustimmung des Bundesrates bedarf, festgesetzt. Bei der Festsetzung ist von folgenden Grundsätzen auszugehen:

1. Im Rahmen der laufenden Einnahmen haben der Bund und die Länder gleichmäßig Anspruch auf Deckung ihrer notwendigen Ausgaben.

Dabei ist der Umfang der Ausgaben unter Berücksichtigung einer mehrjährigen Finanzplanung zu ermitteln.

2. Die Deckungsbedürfnisse des Bundes und der Länder sind so aufeinander abzustimmen, daß ein billiger Ausgleich erzielt, eine Überbelastung der Steuerpflichtigen vermieden und die Einheitlichkeit der Lebensverhältnisse im Bundesgebiet gewahrt wird.Zusätzlich werden in die Festsetzung der Anteile von Bund und Ländern an der Umsatzsteuer Steuermindereinnahmen einbezogen, die den Ländern ab 1. Januar 1996 aus der Berücksichtigung von Kindern im Einkommensteuerrecht entstehen. Das Nähere bestimmt das Bundesgesetz nach Satz 3.

(4) Die Anteile von Bund und Ländern an der Umsatzsteuer sind neu festzusetzen, wenn sich das Verhältnis zwischen den Einnahmen und Ausgaben des Bundes und der Länder wesentlich anders entwickelt; Steuermindereinnahmen, die nach Absatz 3 Satz 5 in die Festsetzung der Umsatzsteueranteile zusätzlich einbezogen werden, bleiben hierbei unberücksichtigt. Werden den Ländern durch Bundesgesetz zusätzliche Ausgaben auferlegt oder Einnahmen entzogen, so kann die Mehrbelastung durch Bundesgesetz, das der Zustimmung des Bundesrates bedarf, auch mit Finanzzuweisungen des Bundes ausgeglichen werden, wenn sie auf einen kurzen Zeitraum begrenzt ist. In dem Gesetz sind die Grundsätze für die Bemessung dieser Finanzzuweisungen und für ihre Verteilung auf die Länder zu bestimmen.

(5) Die Gemeinden erhalten einen Anteil an dem Aufkommen der Einkommensteuer, der von den Ländern an ihre Gemeinden auf der Grundlage der Einkommensteuerleistungen ihrer Einwohner weiterzuleiten ist. Das Nähere bestimmt ein Bundesgesetz, das der Zustimmung des Bundesrates bedarf. Es kann bestimmen, daß die Gemeinden Hebesätze für den Gemeindeanteil festsetzen.

(5a) Die Gemeinden erhalten ab dem 1. Januar 1998 einen Anteil an dem Aufkommen der Umsatzsteuer. Er wird von den Ländern auf der Grundlage eines orts- und wirtschaftsbezogenen Schlüssels an ihre Gemeinden weitergeleitet. Das Nähere wird durch Bundesgesetz, das der Zustimmung des Bundesrates bedarf, bestimmt.

(6) Das Aufkommen der Grundsteuer und Gewerbesteuer steht den Gemeinden, das Aufkommen der örtlichen Verbrauch- und Aufwandsteuern steht den Gemeinden oder nach Maßgabe der Landesgesetzgebung den Gemeindeverbänden zu. Den Gemeinden ist das Recht einzuräumen, die Hebesätze der Grundsteuer und Gewerbesteuer im Rahmen der Gesetze

festzusetzen. Bestehen in einem Land keine Gemeinden, so steht das Aufkommen der Grundsteuer und Gewerbesteuer sowie der örtlichen Verbrauch- und Aufwandsteuern dem Land zu. Bund und Länder können durch eine Umlage an dem Aufkommen der Gewerbesteuer beteiligt werden. Das Nähere über die Umlage bestimmt ein Bundesgesetz, das der Zustimmung des Bundesrates bedarf. Nach Maßgabe der Landesgesetzgebung können die Grundsteuer und Gewerbesteuer sowie der Gemeindeanteil vom Aufkommen der Einkommensteuer und der Umsatzsteuer als Bemessungsgrundlagen für Umlagen zugrunde gelegt werden.

(7) Von dem Länderanteil am Gesamtaufkommen der Gemeinschaftsteuern fließt den Gemeinden und Gemeindeverbänden insgesamt ein von der Landesgesetzgebung zu bestimmender Hundertsatz zu. Im übrigen bestimmt die Landesgesetzgebung, ob und inwieweit das Aufkommen der Landessteuern den Gemeinden (Gemeindeverbänden) zufließt.

(8) Veranlaßt der Bund in einzelnen Ländern oder Gemeinden (Gemeindeverbänden) besondere Einrichtungen, die diesen Ländern oder Gemeinden (Gemeindeverbänden) unmittelbar Mehrausgaben oder Mindereinnahmen (Sonderbelastungen) verursachen, gewährt der Bund den erforderlichen Ausgleich, wenn und soweit den Ländern oder Gemeinden (Gemeindeverbänden) nicht zugemutet werden kann, die Sonderbelastungen zu tragen. Entschädigungsleistungen Dritter und finanzielle Vorteile, die diesen Ländern oder Gemeinden (Gemeindeverbänden) als Folge der Einrichtungen erwachsen, werden bei dem Ausgleich berücksichtigt.

(9) Als Einnahmen und Ausgaben der Länder im Sinne dieses Artikels gelten auch die Einnahmen und Ausgaben der Gemeinden (Gemeindeverbände).

Art. 106a [Finanzausgleich für den Personennahverkehr]

Den Ländern steht ab 1. Januar 1996 für den öffentlichen Personennahverkehr ein Betrag aus dem Steueraufkommen des Bundes zu. Das Nähere regelt ein Bundesgesetz, das der Zustimmung des Bundesrates bedarf. Der Betrag nach Satz 1 bleibt bei der Bemessung der Finanzkraft nach Artikel 107 Abs. 2 unberücksichtigt.

Art. 107 [Finanzausgleich]

(1) Das Aufkommen der Landessteuern und der Länderanteil am Aufkommen der Einkommensteuer und der Körperschaftsteuer stehen den einzelnen Ländern insoweit zu, als die Steuern von den Finanzbehörden in ihrem

Gebiet vereinnahmt werden (örtliches Aufkommen). Durch Bundesgesetz, das der Zustimmung des Bundesrates bedarf, sind für die Körperschaftsteuer und die Lohnsteuer nähere Bestimmungen über die Abgrenzung sowie über Art und Umfang der Zerlegung des örtlichen Aufkommens zu treffen. Das Gesetz kann auch Bestimmungen über die Abgrenzung und Zerlegung des örtlichen Aufkommens anderer Steuern treffen. Der Länderanteil am Aufkommen der Umsatzsteuer steht den einzelnen Ländern nach Maßgabe ihrer Einwohnerzahl zu; für einen Teil, höchstens jedoch für ein Viertel dieses Länderanteils, können durch Bundesgesetz, das der Zustimmung des Bundesrates bedarf, Ergänzungsanteile für die Länder vorgesehen werden, deren Einnahmen aus den Landessteuern und aus der Einkommensteuer und der Körperschaftsteuer je Einwohner unter dem Durchschnitt der Länder liegen; *bei der Grunderwerbsteuer ist die Steuerkraft einzubeziehen.*

(2) Durch das Gesetz ist sicherzustellen, daß die unterschiedliche Finanzkraft der Länder angemessen ausgeglichen wird; hierbei sind die Finanzkraft und der Finanzbedarf der Gemeinden (Gemeindeverbände) zu berücksichtigen. Die Voraussetzungen für die Ausgleichsansprüche der ausgleichsberechtigten Länder und für die Ausgleichsverbindlichkeiten der ausgleichspflichtigen Länder sowie die Maßstäbe für die Höhe der Ausgleichsleistungen sind in dem Gesetz zu bestimmen. Es kann auch bestimmen, daß der Bund aus seinen Mitteln leistungsschwachen Ländern Zuweisungen zur ergänzenden Deckung ihres allgemeinen Finanzbedarfs (Ergänzungszuweisungen) gewährt.

Art. 108 [Finanzverwaltung]

(1) Zölle, Finanzmonopole, die bundesgesetzlich geregelten Verbrauchsteuern einschließlich der Einfuhrumsatzsteuer und die Abgaben im Rahmen der Europäischen Gemeinschaften werden durch Bundesfinanzbehörden verwaltet. Der Aufbau dieser Behörden wird durch Bundesgesetz geregelt. Soweit Mittelbehörden eingerichtet sind, werden deren Leiter im Benehmen mit den Landesregierungen bestellt.

(2) Die übrigen Steuern werden durch Landesfinanzbehörden verwaltet. Der Aufbau dieser Behörden und die einheitliche Ausbildung der Beamten können durch Bundesgesetz mit Zustimmung des Bundesrates geregelt werden. Soweit Mittelbehörden eingerichtet sind, werden deren Leiter im Einvernehmen mit der Bundesregierung bestellt.

(3) Verwalten die Landesfinanzbehörden Steuern, die ganz oder zum Teil dem Bund zufließen, so werden sie im Auftrage des Bundes tätig. Artikel

85 Abs. 3 und 4 gilt mit der Maßgabe, daß an die Stelle der Bundesregierung der Bundesminister der Finanzen tritt.

(4) Durch Bundesgesetz, das der Zustimmung des Bundesrates bedarf, kann bei der Verwaltung von Steuern ein Zusammenwirken von Bundes- und Landesfinanzbehörden sowie für Steuern, die unter Absatz 1 fallen, die Verwaltung durch Landesfinanzbehörden und für andere Steuern die Verwaltung durch Bundesfinanzbehörden vorgesehen werden, wenn und soweit dadurch der Vollzug der Steuergesetze erheblich verbessert oder erleichtert wird. Für die den Gemeinden (Gemeindeverbänden) allein zufließenden Steuern kann die den Landesfinanzbehörden zustehende Verwaltung durch die Länder ganz oder zum Teil den Gemeinden (Gemeindeverbänden) übertragen werden.

(5) Das von den Bundesfinanzbehörden anzuwendende Verfahren wird durch Bundesgesetz geregelt. Das von den Landesfinanzbehörden und in den Fällen des Absatzes 4 Satz 2 von den Gemeinden (Gemeindeverbänden) anzuwendende Verfahren kann durch Bundesgesetz mit Zustimmung des Bundesrates geregelt werden.

(6) Die Finanzgerichtsbarkeit wird durch Bundesgesetz einheitlich geregelt.

(7) Die Bundesregierung kann allgemeine Verwaltungsvorschriften erlassen, und zwar mit Zustimmung des Bundesrates, soweit die Verwaltung den Landesfinanzbehörden oder Gemeinden (Gemeindeverbänden) obliegt.

Art. 109 [Haushaltswirtschaft in Bund und Ländern]

(1) Bund und Länder sind in ihrer Haushaltswirtschaft selbständig und voneinander unabhängig.

(2) Bund und Länder haben bei ihrer Haushaltswirtschaft den Erfordernissen des gesamtwirtschaftlichen Gleichgewichts Rechnung zu tragen.

(3) Durch Bundesgesetz, das der Zustimmung des Bundesrates bedarf, können für Bund und Länder gemeinsam geltende Grundsätze für das Haushaltsrecht, für eine konjunkturgerechte Haushaltswirtschaft und für eine mehrjährige Finanzplanung aufgestellt werden.

(4) Zur Abwehr einer Störung des gesamtwirtschaftlichen Gleichgewichts können durch Bundesgesetz, das der Zustimmung des Bundesrates bedarf, Vorschriften über

1. Höchstbeträge, Bedingungen und Zeitfolge der Aufnahme von Krediten durch Gebietskörperschaften und Zweckverbände und
2. eine Verpflichtung von Bund und Ländern, unverzinsliche Guthaben bei der Deutschen Bundesbank zu unterhalten (Konjunkturausgleichsrücklagen),erlassen werden. Ermächtigungen zum Erlaß von Rechtsverordnungen können nur der Bundesregierung erteilt werden. Die Rechtsverordnungen bedürfen der Zustimmung des Bundesrates. Sie sind aufzuheben, soweit der Bundestag es verlangt; das Nähere bestimmt das Bundesgesetz.

(5) Verpflichtungen der Bundesrepublik Deutschland aus Rechtsakten der Europäischen Gemeinschaft auf Grund des Artikels 104 des Vertrags zur Gründung der Europäischen Gemeinschaft zur Einhaltung der Haushaltsdisziplin sind von Bund und Ländern gemeinsam zu erfüllen. Sanktionsmaßnahmen der Europäischen Gemeinschaft tragen Bund und Länder im Verhältnis 65 zu 35. Die Ländergesamtheit trägt solidarisch 35 vom Hundert der auf die Länder entfallenden Lasten entsprechend ihrer Einwohnerzahl; 65 vom Hundert der auf die Länder entfallenden Lasten tragen die Länder entsprechend ihrem Verursachungsbeitrag. Das Nähere regelt ein Bundesgesetz, das der Zustimmung des Bundesrates bedarf.

Art. 110 [Haushaltsplan und Haushaltsgesetz des Bundes]

(1) Alle Einnahmen und Ausgaben des Bundes sind in den Haushaltsplan einzustellen; bei Bundesbetrieben und bei Sondervermögen brauchen nur die Zuführungen oder die Ablieferungen eingestellt zu werden. Der Haushaltsplan ist in Einnahme und Ausgabe auszugleichen.

(2) Der Haushaltsplan wird für ein oder mehrere Rechnungsjahre, nach Jahren getrennt, vor Beginn des ersten Rechnungsjahres durch das Haushaltsgesetz festgestellt. Für Teile des Haushaltsplanes kann vorgesehen werden, daß sie für unterschiedliche Zeiträume, nach Rechnungsjahren getrennt, gelten.

(3) Die Gesetzesvorlage nach Absatz 2 Satz 1 sowie Vorlagen zur Änderung des Haushaltsgesetzes und des Haushaltsplanes werden gleichzeitig mit der Zuleitung an den Bundesrat beim Bundestage eingebracht; der Bundesrat ist berechtigt, innerhalb von sechs Wochen, bei Änderungsvorlagen innerhalb von drei Wochen, zu den Vorlagen Stellung zu nehmen.

(4) In das Haushaltsgesetz dürfen nur Vorschriften aufgenommen werden, die sich auf die Einnahmen und die Ausgaben des Bundes und auf den Zeitraum beziehen, für den das Haushaltsgesetz beschlossen wird. Das Haushaltsgesetz kann vorschreiben, daß die Vorschriften erst mit der

Verkündung des nächsten Haushaltsgesetzes oder bei Ermächtigung nach Artikel 115 zu einem späteren Zeitpunkt außer Kraft treten.

Art. 111 [Vorläufige Haushaltswirtschaft]

(1) Ist bis zum Schluß eines Rechnungsjahres der Haushaltsplan für das folgende Jahr nicht durch Gesetz festgestellt, so ist bis zu seinem Inkrafttreten die Bundesregierung ermächtigt, alle Ausgaben zu leisten, die nötig sind,

a) um gesetzlich bestehende Einrichtungen zu erhalten und gesetzlich beschlossene Maßnahmen durchzuführen,
b) um die rechtlich begründeten Verpflichtungen des Bundes zu erfüllen,
c) um Bauten, Beschaffungen und sonstige Leistungen fortzusetzen oder Beihilfen für diese Zwecke weiter zu gewähren, sofern durch den Haushaltsplan eines Vorjahres bereits Beträge bewilligt worden sind.

(2) Soweit nicht auf besonderem Gesetze beruhende Einnahmen aus Steuern, Abgaben und sonstigen Quellen oder die Betriebsmittelrücklage die Ausgaben unter Absatz 1 decken, darf die Bundesregierung die zur Aufrechterhaltung der Wirtschaftsführung erforderlichen Mittel bis zur Höhe eines Viertels der Endsumme des abgelaufenen Haushaltsplanes im Wege des Kredits flüssig machen.

Art. 112 [Über- und außerplanmäßige Ausgaben]

Überplanmäßige und außerplanmäßige Ausgaben bedürfen der Zustimmung des Bundesministers der Finanzen. Sie darf nur im Falle eines unvorhergesehenen und unabweisbaren Bedürfnisses erteilt werden. Näheres kann durch Bundesgesetz bestimmt werden.

Art. 113 [Ausgabenerhöhende und einnahmenmindernde Gesetze; Zustimmung des Bundesregierung]

(1) Gesetze, welche die von der Bundesregierung vorgeschlagenen Ausgaben des Haushaltsplanes erhöhen oder neue Ausgaben in sich schließen oder für die Zukunft mit sich bringen, bedürfen der Zustimmung der Bundesregierung. Das gleiche gilt für Gesetze, die Einnahmeminderungen in sich schließen oder für die Zukunft mit sich bringen. Die Bundesregierung kann verlangen, daß der Bundestag die Beschlußfassung über solche Ge-

setze aussetzt. In diesem Fall hat die Bundesregierung innerhalb von sechs Wochen dem Bundestage eine Stellungnahme zuzuleiten.

(2) Die Bundesregierung kann innerhalb von vier Wochen, nachdem der Bundestag das Gesetz beschlossen hat, verlangen, daß der Bundestag erneut Beschluß faßt.

(3) Ist das Gesetz nach Artikel 78 zustande gekommen, kann die Bundesregierung ihre Zustimmung nur innerhalb von sechs Wochen und nur dann versagen, wenn sie vorher das Verfahren nach Absatz 1 Satz 3 und 4 oder nach Absatz 2 eingeleitet hat. Nach Ablauf dieser Frist gilt die Zustimmung als erteilt.

Art. 114 [Rechnungslegung, Rechnungsprüfung]

(1) Der Bundesminister der Finanzen hat dem Bundestage und dem Bundesrate über alle Einnahmen und Ausgaben sowie über das Vermögen und die Schulden im Laufe des nächsten Rechnungsjahres zur Entlastung der Bundesregierung Rechnung zu legen.

(2) Der Bundesrechnungshof, dessen Mitglieder richterliche Unabhängigkeit besitzen, prüft die Rechnung sowie die Wirtschaftlichkeit und Ordnungsmäßigkeit der Haushalts- und Wirtschaftsführung. Er hat außer der Bundesregierung unmittelbar dem Bundestage und dem Bundesrate jährlich zu berichten. Im übrigen werden die Befugnisse des Bundesrechnungshofes durch Bundesgesetz geregelt.

Art. 115 [Kreditaufnahme, Grenzen]

(1) Die Aufnahme von Krediten sowie die Übernahme von Bürgschaften, Garantien oder sonstigen Gewährleistungen, die zu Ausgaben in künftigen Rechnungsjahren führen können, bedürfen einer der Höhe nach bestimmten oder bestimmbaren Ermächtigung durch Bundesgesetz. Die Einnahmen aus Krediten dürfen die Summe der im Haushaltsplan veranschlagten Ausgaben für Investitionen nicht überschreiten; Ausnahmen sind nur zulässig zur Abwehr einer Störung des gesamtwirtschaftlichen Gleichgewichts. Das Nähere wird durch Bundesgesetz geregelt.

(2) Für Sondervermögen des Bundes können durch Bundesgesetz Ausnahmen von Absatz 1 zugelassen werden.

Xa. Verteidigungsfall

Art. 115a [Begriff und Feststellung]

(1) Die Feststellung, daß das Bundesgebiet mit Waffengewalt angegriffen wird oder ein solcher Angriff unmittelbar droht (Verteidigungsfall), trifft der Bundestag mit Zustimmung des Bundesrates. Die Feststellung erfolgt auf Antrag der Bundesregierung und bedarf einer Mehrheit von zwei Dritteln der abgegebenen Stimmen, mindestens der Mehrheit der Mitglieder des Bundestages.

(2) Erfordert die Lage unabweisbar ein sofortiges Handeln und stehen einem rechtzeitigen Zusammentritt des Bundestages unüberwindliche Hindernisse entgegen oder ist er nicht beschlußfähig, so trifft der Gemeinsame Ausschuß diese Feststellung mit einer Mehrheit von zwei Dritteln der abgegebenen Stimmen, mindestens der Mehrheit seiner Mitglieder.

(3) Die Feststellung wird vom Bundespräsidenten gemäß Artikel 82 im Bundesgesetzblatte verkündet. Ist dies nicht rechtzeitig möglich, so erfolgt die Verkündung in anderer Weise; sie ist im Bundesgesetzblatte nachzuholen, sobald die Umstände es zulassen.

(4) Wird das Bundesgebiet mit Waffengewalt angegriffen und sind die zuständigen Bundesorgane außerstande, sofort die Feststellung nach Absatz 1 Satz 1 zu treffen, so gilt diese Feststellung als getroffen und als zu dem Zeitpunkt verkündet, in dem der Angriff begonnen hat. Der Bundespräsident gibt diesen Zeitpunkt bekannt, sobald die Umstände es zulassen.

(5) Ist die Feststellung des Verteidigungsfalles verkündet und wird das Bundesgebiet mit Waffengewalt angegriffen, so kann der Bundespräsident völkerrechtliche Erklärungen über das Bestehen des Verteidigungsfalles mit Zustimmung des Bundestages abgeben. Unter den Voraussetzungen des Absatzes 2 tritt an die Stelle des Bundestages der Gemeinsame Ausschuß.

Art. 115b [Übergang der Befehls- und Kommandogewalt über die Streitkräfte auf den Bundeskanzler]

Mit der Verkündung des Verteidigungsfalles geht die Befehls- und Kommandogewalt über die Streitkräfte auf den Bundeskanzler über.

Art. 115c [Erweiterte Gesetzgebungskompetenz des Bundes]

(1) Der Bund hat für den Verteidigungsfall das Recht der konkurrierenden Gesetzgebung auch auf den Sachgebieten, die zur Gesetzgebungszuständigkeit der Länder gehören. Diese Gesetze bedürfen der Zustimmung des Bundesrates.

(2) Soweit es die Verhältnisse während des Verteidigungsfalles erfordern, kann durch Bundesgesetz für den Verteidigungsfall

1. bei Enteignungen abweichend von Artikel 14 Abs. 3 Satz 2 die Entschädigung vorläufig geregelt werden,
2. für Freiheitsentziehungen eine von Artikel 104 Abs. 2 Satz 3 und Abs. 3 Satz 1 abweichende Frist, höchstens jedoch eine solche von vier Tagen, für den Fall festgesetzt werden, daß ein Richter nicht innerhalb der für Normalzeiten geltenden Frist tätig werden konnte.

(3) Soweit es zur Abwehr eines gegenwärtigen oder unmittelbar drohenden Angriffs erforderlich ist, kann für den Verteidigungsfall durch Bundesgesetz mit Zustimmung des Bundesrates die Verwaltung und das Finanzwesen des Bundes und der Länder abweichend von den Abschnitten VIII, VIIIa und X geregelt werden, wobei die Lebensfähigkeit der Länder, Gemeinden und Gemeindeverbände, insbesondere auch in finanzieller Hinsicht, zu wahren ist.

(4) Bundesgesetze nach den Absätzen 1 und 2 Nr. 1 dürfen zur Vorbereitung ihres Vollzuges schon vor Eintritt des Verteidigungsfalles angewandt werden.

Art. 115d [Abgekürztes Gesetzgebungsverfahren]

(1) Für die Gesetzgebung des Bundes gilt im Verteidigungsfalle abweichend von Artikel 76 Abs. 2, Artikel 77 Abs. 1 Satz 2 und Abs. 2 bis 4, Artikel 78 und Artikel 82 Abs. 1 die Regelung der Absätze 2 und 3.

(2) Gesetzesvorlagen der Bundesregierung, die sie als dringlich bezeichnet, sind gleichzeitig mit der Einbringung beim Bundestage dem Bundesrate zuzuleiten. Bundestag und Bundesrat beraten diese Vorlagen unverzüglich gemeinsam. Soweit zu einem Gesetze die Zustimmung des Bundesrates erforderlich ist, bedarf es zum Zustandekommen des Gesetzes der Zustimmung der Mehrheit seiner Stimmen. Das Nähere regelt eine Geschäftsordnung, die vom Bundestage beschlossen wird und der Zustimmung des Bundesrates bedarf.

(3) Für die Verkündung der Gesetze gilt Artikel 115a Abs. 3 Satz 2 entsprechend.

Art. 115e [Befugnisse des Gemeinsamen Ausschusses]

(1) Stellt der Gemeinsame Ausschuß im Verteidigungsfalle mit einer Mehrheit von zwei Dritteln der abgegebenen Stimmen, mindestens mit der Mehrheit seiner Mitglieder fest, daß dem rechtzeitigen Zusammentritt des Bundestages unüberwindliche Hindernisse entgegenstehen oder daß dieser nicht beschlußfähig ist, so hat der Gemeinsame Ausschuß die Stellung von Bundestag und Bundesrat und nimmt deren Rechte einheitlich wahr.

(2) Durch ein Gesetz des Gemeinsamen Ausschusses darf das Grundgesetz weder geändert noch ganz oder teilweise außer Kraft oder außer Anwendung gesetzt werden. Zum Erlaß von Gesetzen nach Artikel 23 Abs. 1 Satz 2, Artikel 24 Abs. 1 oder Artikel 29 ist der Gemeinsame Ausschuß nicht befugt.

Art. 115f [Außerordentliche Befugnisse der Bundesregierung]

(1) Die Bundesregierung kann im Verteidigungsfalle, soweit es die Verhältnisse erfordern,

1. den Bundesgrenzschutz im gesamten Bundesgebiete einsetzen;
2. außer der Bundesverwaltung auch den Landesregierungen und, wenn sie es für dringlich erachtet, den Landesbehörden Weisungen erteilen und diese Befugnis auf von ihr zu bestimmende Mitglieder der Landesregierungen übertragen.

(2) Bundestag, Bundesrat und der Gemeinsame Ausschuß sind unverzüglich von den nach Absatz 1 getroffenen Maßnahmen zu unterrichten.

Art. 115g [Stellung des Bundesverfassungsgerichts]

Die verfassungsmäßige Stellung und die Erfüllung der verfassungsmäßigen Aufgaben des Bundesverfassungsgerichtes und seiner Richter dürfen nicht beeinträchtigt werden. Das Gesetz über das Bundesverfassungsgericht darf durch ein Gesetz des Gemeinsamen Ausschusses nur insoweit geändert werden, als dies auch nach Auffassung des Bundesverfassungsgerichtes zur Aufrechterhaltung der Funktionsfähigkeit des Gerichtes erforderlich ist. Bis zum Erlaß eines solchen Gesetzes kann das Bundesverfassungsgericht die zur Erhaltung der Arbeitsfähigkeit des Gerichtes erforderlichen Maßnahmen treffen. Beschlüsse nach Satz 2 und Satz 3 faßt das Bundesverfassungsgericht mit der Mehrheit der anwesenden Richter.

Art. 115h [Wahlperioden und Amtszeiten von Verfassungsorganen]

(1) Während des Verteidigungsfalles ablaufende Wahlperioden des Bundestages oder der Volksvertretungen der Länder enden sechs Monate nach Beendigung des Verteidigungsfalles. Die im Verteidigungsfalle ablaufende Amtszeit des Bundespräsidenten sowie bei vorzeitiger Erledigung seines Amtes die Wahrnehmung seiner Befugnisse durch den Präsidenten des Bundesrates enden neun Monate nach Beendigung des Verteidigungsfalles. Die im Verteidigungsfalle ablaufende Amtszeit eines Mitgliedes des Bundesverfassungsgerichtes endet sechs Monate nach Beendigung des Verteidigungsfalles.

(2) Wird eine Neuwahl des Bundeskanzlers durch den Gemeinsamen Ausschuß erforderlich, so wählt dieser einen neuen Bundeskanzler mit der Mehrheit seiner Mitglieder; der Bundespräsident macht dem Gemeinsamen Ausschuß einen Vorschlag. Der Gemeinsame Ausschuß kann dem Bundeskanzler das Mißtrauen nur dadurch aussprechen, daß er mit der Mehrheit von zwei Dritteln seiner Mitglieder einen Nachfolger wählt.

(3) Für die Dauer des Verteidigungsfalles ist die Auflösung des Bundestages ausgeschlossen.

Art. 115i [Befugnisse der Landesregierungen]

(1) Sind die zuständigen Bundesorgane außerstande, die notwendigen Maßnahmen zur Abwehr der Gefahr zu treffen, und erfordert die Lage unabweisbar ein sofortiges selbständiges Handeln in einzelnen Teilen des Bundesgebietes, so sind die Landesregierungen oder die von ihnen bestimmten Behörden oder Beauftragten befugt, für ihren Zuständigkeitsbereich Maßnahmen im Sinne des Artikels 115f Abs. 1 zu treffen.

(2) Maßnahmen nach Absatz 1 können durch die Bundesregierung, im Verhältnis zu Landesbehörden und nachgeordneten Bundesbehörden auch durch die Ministerpräsidenten der Länder, jederzeit aufgehoben werden.

Art. 115k [Geltungsdauer der außerordentlichen Vorschriften]

(1) Für die Dauer ihrer Anwendbarkeit setzen Gesetze nach den Artikeln 115c, 115e und 115g und Rechtsverordnungen, die auf Grund solcher Gesetze ergehen, entgegenstehendes Recht außer Anwendung. Dies gilt nicht gegenüber früherem Recht, das auf Grund der Artikel 115c, 115e und 115g erlassen worden ist.

(2) Gesetze, die der Gemeinsame Ausschuß beschlossen hat, und Rechtsverordnungen, die auf Grund solcher Gesetze ergangen sind, treten spätestens sechs Monate nach Beendigung des Verteidigungsfalles außer Kraft.

(3) Gesetze, die von den Artikeln 91a, 91b, 104a, 106 und 107 abweichende Regelungen enthalten, gelten längstens bis zum Ende des zweiten Rechnungsjahres, das auf die Beendigung des Verteidigungsfalles folgt. Sie können nach Beendigung des Verteidigungsfalles durch Bundesgesetz mit Zustimmung des Bundesrates geändert werden, um zu der Regelung gemäß den Abschnitten VIIIa und X überzuleiten.

Art. 115l [Aufhebung von außerordentlichen Gesetzen und Maßnahmen; Beendigung des Verteidigungsfalles; Friedensschluss]

(1) Der Bundestag kann jederzeit mit Zustimmung des Bundesrates Gesetze des Gemeinsamen Ausschusses aufheben. Der Bundesrat kann verlangen, daß der Bundestag hierüber beschließt. Sonstige zur Abwehr der Gefahr getroffene Maßnahmen des Gemeinsamen Ausschusses oder der Bundesregierung sind aufzuheben, wenn der Bundestag und der Bundesrat es beschließen.

(2) Der Bundestag kann mit Zustimmung des Bundesrates jederzeit durch einen vom Bundespräsidenten zu verkündenden Beschluß den Verteidigungsfall für beendet erklären. Der Bundesrat kann verlangen, daß der Bundestag hierüber beschließt. Der Verteidigungsfall ist unverzüglich für beendet zu erklären, wenn die Voraussetzungen für seine Feststellung nicht mehr gegeben sind.

(3) Über den Friedensschluß wird durch Bundesgesetz entschieden.

XI. Übergangs- und Schlußbestimmungen

Art. 116 [Begriff „Deutscher“; Wiedereinbürgerung von Verfolgten]

(1) Deutscher im Sinne dieses Grundgesetzes ist vorbehaltlich anderweitiger gesetzlicher Regelung, wer die deutsche Staatsangehörigkeit besitzt oder als Flüchtling oder Vertriebener deutscher Volkszugehörigkeit oder als dessen Ehegatte oder Abkömmling in dem Gebiete des Deutschen Reiches nach dem Stande vom 31. Dezember 1937 Aufnahme gefunden hat.

(2) Frühere deutsche Staatsangehörige, denen zwischen dem 30. Januar 1933 und dem 8. Mai 1945 die Staatsangehörigkeit aus politischen, rassi-

schen oder religiösen Gründen entzogen worden ist, und ihre Abkömmlinge sind auf Antrag wieder einzubürgern. Sie gelten als nicht ausgebürgert, sofern sie nach dem 8. Mai 1945 ihren Wohnsitz in Deutschland genommen haben und nicht einen entgegengesetzten Willen zum Ausdruck gebracht haben.

Art. 117 [Übergangsregelung für Artikel 3 Abs. 2 und Artikel 11]

(1) Das dem Artikel 3 Abs. 2 entgegenstehende Recht bleibt bis zu seiner Anpassung an diese Bestimmung des Grundgesetzes in Kraft, jedoch nicht länger als bis zum 31. März 1953.

(2) Gesetze, die das Recht der Freizügigkeit mit Rücksicht auf die gegenwärtige Raumnot einschränken, bleiben bis zu ihrer Aufhebung durch Bundesgesetz in Kraft.

Art. 118 [Neugliederung der Länder im Südwesten]

Die Neugliederung in dem die Länder Baden, Württemberg-Baden und Württemberg-Hohenzollern umfassenden Gebiete kann abweichend von den Vorschriften des Artikels 29 durch Vereinbarung der beteiligten Länder erfolgen. Kommt eine Vereinbarung nicht zustande, so wird die Neugliederung durch Bundesgesetz geregelt, das eine Volksbefragung vorsehen muß.

Art. 118a [Neugliederung der Länder Berlin und Brandenburg]

Die Neugliederung in dem die Länder Berlin und Brandenburg umfassenden Gebiet kann abweichend von den Vorschriften des Artikels 29 unter Beteiligung ihrer Wahlberechtigten durch Vereinbarung beider Länder erfolgen.

Art. 119 [Verordnungsrecht in Angelegenheiten der Flüchtlinge und Vertriebenen]

In Angelegenheiten der Flüchtlinge und Vertriebenen, insbesondere zu ihrer Verteilung auf die Länder, kann bis zu einer bundesgesetzlichen Regelung die Bundesregierung mit Zustimmung des Bundesrates Verordnungen mit Gesetzeskraft erlassen. Für besondere Fälle kann dabei die Bundesregierung ermächtigt werden, Einzelweisungen zu erteilen. Die Weisungen sind außer bei Gefahr im Verzuge an die obersten Landesbehörden zu richten.

Art. 120 [Kriegsfolgelasten; Sozialversicherungszuschüsse des Bundes]

(1) Der Bund trägt die Aufwendungen für Besatzungskosten und die sonstigen inneren und äußeren Kriegsfolgelasten nach näherer Bestimmung von Bundesgesetzen. Soweit diese Kriegsfolgelasten bis zum 1. Oktober 1969 durch Bundesgesetze geregelt worden sind, tragen Bund und Länder im Verhältnis zueinander die Aufwendungen nach Maßgabe dieser Bundesgesetze. Soweit Aufwendungen für Kriegsfolgelasten, die in Bundesgesetzen weder geregelt worden sind noch geregelt werden, bis zum 1. Oktober 1965 von den Ländern, Gemeinden (Gemeindeverbänden) oder sonstigen Aufgabenträgern, die Aufgaben von Ländern oder Gemeinden erfüllen, erbracht worden sind, ist der Bund zur Übernahme von Aufwendungen dieser Art auch nach diesem Zeitpunkt nicht verpflichtet. Der Bund trägt die Zuschüsse zu den Lasten der Sozialversicherung mit Einschluß der Arbeitslosenversicherung und der Arbeitslosenhilfe. Die durch diesen Absatz geregelte Verteilung der Kriegsfolgelasten auf Bund und Länder läßt die gesetzliche Regelung von Entschädigungsansprüchen für Kriegsfolgen unberührt.

(2) Die Einnahmen gehen auf den Bund zu demselben Zeitpunkte über, an dem der Bund die Ausgaben übernimmt.

Art. 120a [Durchführung des Lastenausgleichs]

(1) Die Gesetze, die der Durchführung des Lastenausgleichs dienen, können mit Zustimmung des Bundesrates bestimmen, daß sie auf dem Gebiete der Ausgleichsleistungen teils durch den Bund, teils im Auftrage des Bundes durch die Länder ausgeführt werden und daß die der Bundesregierung und den zuständigen obersten Bundesbehörden auf Grund des Artikels 85 insoweit zustehenden Befugnisse ganz oder teilweise dem Bundesausgleichsamt übertragen werden. Das Bundesausgleichsamt bedarf bei Ausübung dieser Befugnisse nicht der Zustimmung des Bundesrates; seine Weisungen sind, abgesehen von den Fällen der Dringlichkeit, an die obersten Landesbehörden (Landesausgleichsämter) zu richten.

(2) Artikel 87 Abs. 3 Satz 2 bleibt unberührt.

Art. 121 [Begriff „Mehrheit der Mitglieder"]

Mehrheit der Mitglieder des Bundestages und der Bundesversammlung im Sinne dieses Grundgesetzes ist die Mehrheit ihrer gesetzlichen Mitgliederzahl.

Art. 122 [Überleitung bisheriger Gesetzgebungskompetenzen]

(1) Vom Zusammentritt des Bundestages an werden die Gesetze ausschließlich von den in diesem Grundgesetze anerkannten gesetzgebenden Gewalten beschlossen.

(2) Gesetzgebende und bei der Gesetzgebung beratend mitwirkende Körperschaften, deren Zuständigkeit nach Absatz 1 endet, sind mit diesem Zeitpunkt aufgelöst.

Art. 123 [Fortgeltung früheren Rechts und früherer Staatsverträge]

(1) Recht aus der Zeit vor dem Zusammentritt des Bundestages gilt fort, soweit es dem Grundgesetze nicht widerspricht.

(2) Die vom Deutschen Reich abgeschlossenen Staatsverträge, die sich auf Gegenstände beziehen, für die nach diesem Grundgesetze die Landesgesetzgebung zuständig ist, bleiben, wenn sie nach allgemeinen Rechtsgrundsätzen gültig sind und fortgelten, unter Vorbehalt aller Rechte und Einwendungen der Beteiligten in Kraft, bis neue Staatsverträge durch die nach diesem Grundgesetze zuständigen Stellen abgeschlossen werden oder ihre Beendigung auf Grund der in ihnen enthaltenen Bestimmungen anderweitig erfolgt.

Art. 124 [Fortgeltung als Bundesrecht auf dem Gebiet der ausschließlichen Gesetzgebung]

Recht, das Gegenstände der ausschließlichen Gesetzgebung des Bundes betrifft, wird innerhalb seines Geltungsbereiches Bundesrecht.

Art. 125 [Fortgeltung als Bundesrecht auf dem Gebiet der konkurrierenden Gesetzgebung]

Recht, das Gegenstände der konkurrierenden Gesetzgebung des Bundes betrifft, wird innerhalb seines Geltungsbereiches Bundesrecht,

1. soweit es innerhalb einer oder mehrerer Besatzungszonen einheitlich gilt,
2. soweit es sich um Recht handelt, durch das nach dem 8. Mai 1945 früheres Reichsrecht abgeändert worden ist.

Art. 125a [Fortgeltung von Bundesrecht nach Änderung von Gesetzgebungskompetenzen]

(1) Recht, das als Bundesrecht erlassen worden ist, aber wegen der Änderung des Artikels 74 Abs. 1, *der Einfügung des Artikels 84 Abs. 1 Satz 7, des Artikels 85 Abs. 1 Satz 2 oder des Artikels 105 Abs. 2a Satz 2 oder wegen der Aufhebung der Artikel 74a, 75 oder 98 Abs. 3 Satz 2* nicht mehr als Bundesrecht erlassen werden könnte, gilt als Bundesrecht fort. Es kann durch Landesrecht ersetzt werden.

(2) Recht, das auf Grund des Artikels 72 Abs. 2 in der bis zum 15. November 1994 geltenden Fassung erlassen worden ist, *aber wegen Änderung des Artikels 72 Abs. 2 nicht mehr als Bundesrecht erlassen werden könnte,* gilt als Bundesrecht fort. Durch Bundesgesetz kann bestimmt werden, dass es durch Landesrecht ersetzt werden kann.

(3) Recht, das als Landesrecht erlassen worden ist, aber wegen Änderung des Artikels 73 nicht mehr als Landesrecht erlassen werden könnte, gilt als Landesrecht fort. Es kann durch Bundesrecht ersetzt werden.

Art. 125b [Fortgeltung von Bundesrecht im Bereich der Abweichungsgesetzgebung]

(1) Recht, das auf Grund des Artikels 75 in der bis zum 1. September 2006 geltenden Fassung erlassen worden ist und das auch nach diesem Zeitpunkt als Bundesrecht erlassen werden könnte, gilt als Bundesrecht fort. Befugnisse und Verpflichtungen der Länder zur Gesetzgebung bleiben insoweit bestehen. Auf den in Artikel 72 Abs. 3 Satz 1 genannten Gebieten können die Länder von diesem Recht abweichende Regelungen treffen, auf den Gebieten des Artikels 72 Abs. 3 Satz 1 Nr. 2, 5 und 6 jedoch erst, wenn und soweit der Bund ab dem 1. September 2006 von seiner Gesetzgebungszuständigkeit Gebrauch gemacht hat, in den Fällen der Nummern 2 und 5 spätestens ab dem 1. Januar 2010, im Falle der Nummer 6 spätestens ab dem 1. August 2008.

(2) Von bundesgesetzlichen Regelungen, die auf Grund des Artikels 84 Abs. 1 in der vor dem 1. September 2006 geltenden Fassung erlassen worden sind, können die Länder abweichende Regelungen treffen, von Regelungen des Verwaltungsverfahrens bis zum 31. Dezember 2008 aber nur dann, wenn ab dem 1. September 2006 in dem jeweiligen Bundesgesetz Regelungen des Verwaltungsverfahrens geändert worden sind.

Art. 125c [Fortgeltung von Bundesrecht im Bereich der früheren Gemeinschaftsaufgabe Hochschulbau und im Bereich der Gemeindeverkehrsfinanzierung und der sozialen Wohnraumförderung]

(1) Recht, das auf Grund des Artikels 91a Abs. 2 in Verbindung mit Abs. 1 Nr. 1 in der bis zum 1. September 2006 geltenden Fassung erlassen worden ist, gilt bis zum 31. Dezember 2006 fort.

(2) Die nach Artikel 104a Abs. 4 in der bis zum 1. September 2006 geltenden Fassung in den Bereichen der Gemeindeverkehrsfinanzierung und der sozialen Wohnraumförderung geschaffenen Regelungen gelten bis zum 31. Dezember 2006 fort. Die im Bereich der Gemeindeverkehrsfinanzierung für die besonderen Programme nach § 6 Abs. 1 des Gemeindeverkehrsfinanzierungsgesetzes sowie die sonstigen nach Artikel 104a Abs. 4 in der bis zum 1. September 2006 geltenden Fassung geschaffenen Regelungen gelten bis zum 31. Dezember 2019 fort, soweit nicht ein früherer Zeitpunkt für das Außerkrafttreten bestimmt ist oder wird.

Art. 126 [Meinungsverschiedenheiten über das Fortgelten von Recht als Bundesrecht]

Meinungsverschiedenheiten über das Fortgelten von Recht als Bundesrecht entscheidet das Bundesverfassungsgericht.

Art. 127 [Recht des Vereinigten Wirtschaftsgebiets]

Die Bundesregierung kann mit Zustimmung der Regierungen der beteiligten Länder Recht der Verwaltung des Vereinigten Wirtschaftsgebietes, soweit es nach Artikel 124 oder 125 als Bundesrecht fortgilt, innerhalb eines Jahres nach Verkündung dieses Grundgesetzes in den Ländern Baden, Groß-Berlin, Rheinland-Pfalz und Württemberg-Hohenzollern in Kraft setzen.

Art. 128 [Fortbestehen von Weisungsrechten]

Soweit fortgeltendes Recht Weisungsrechte im Sinne des Artikels 84 Abs. 5 vorsieht, bleiben sie bis zu einer anderweitigen gesetzlichen Regelung bestehen.

Art. 129 [Fortgeltung von Ermächtigungen]

(1) Soweit in Rechtsvorschriften, die als Bundesrecht fortgelten, eine Ermächtigung zum Erlasse von Rechtsverordnungen oder allgemeinen Verwaltungsvorschriften sowie zur Vornahme von Verwaltungsakten enthalten ist, geht sie auf die nunmehr sachlich zuständigen Stellen über. In Zweifelsfällen entscheidet die Bundesregierung im Einvernehmen mit dem Bundesrate; die Entscheidung ist zu veröffentlichen.

(2) Soweit in Rechtsvorschriften, die als Landesrecht fortgelten, eine solche Ermächtigung enthalten ist, wird sie von den nach Landesrecht zuständigen Stellen ausgeübt.

(3) Soweit Rechtsvorschriften im Sinne der Absätze 1 und 2 zu ihrer Änderung oder Ergänzung oder zum Erlaß von Rechtsvorschriften an Stelle von Gesetzen ermächtigen, sind diese Ermächtigungen erloschen.

(4) Die Vorschriften der Absätze 1 und 2 gelten entsprechend, soweit in Rechtsvorschriften auf nicht mehr geltende Vorschriften oder nicht mehr bestehende Einrichtungen verwiesen ist.

Art. 130 [Überleitung von Verwaltungs- und Rechtspflegeeinrichtungen]

(1) Verwaltungsorgane und sonstige der öffentlichen Verwaltung oder Rechtspflege dienende Einrichtungen, die nicht auf Landesrecht oder Staatsverträgen zwischen Ländern beruhen, sowie die Betriebsvereinigung der südwestdeutschen Eisenbahnen und der Verwaltungsrat für das Post- und Fernmeldewesen für das französische Besatzungsgebiet unterstehen der Bundesregierung. Diese regelt mit Zustimmung des Bundesrates die Überführung, Auflösung oder Abwicklung.

(2) Oberster Disziplinarvorgesetzter der Angehörigen dieser Verwaltungen und Einrichtungen ist der zuständige Bundesminister.

(3) Nicht landesunmittelbare und nicht auf Staatsverträgen zwischen den Ländern beruhende Körperschaften und Anstalten des öffentlichen Rechtes unterstehen der Aufsicht der zuständigen obersten Bundesbehörde.

Art. 131 [Rechtsverhältnisse ehemaliger Angehöriger des öffentlichen Dienstes]

Die Rechtsverhältnisse von Personen einschließlich der Flüchtlinge und Vertriebenen, die am 8. Mai 1945 im öffentlichen Dienste standen, aus anderen als beamten- oder tarifrechtlichen Gründen ausgeschieden sind und bisher nicht oder nicht ihrer früheren Stellung entsprechend verwendet werden, sind durch Bundesgesetz zu regeln. Entsprechendes gilt für Personen einschließlich der Flüchtlinge und Vertriebenen, die am 8. Mai 1945 versorgungsberechtigt waren und aus anderen als beamten- oder tarifrechtlichen Gründen keine oder keine entsprechende Versorgung mehr erhalten. Bis zum Inkrafttreten des Bundesgesetzes können vorbehaltlich anderweitiger landesrechtlicher Regelung Rechtsansprüche nicht geltend gemacht werden.

Art. 132 [Außerordentliche Aufhebung von Rechten im öffentlichen Dienst]

(1) Beamte und Richter, die im Zeitpunkte des Inkrafttretens dieses Grundgesetzes auf Lebenszeit angestellt sind, können binnen sechs Monaten nach dem ersten Zusammentritt des Bundestages in den Ruhestand oder Wartestand oder in ein Amt mit niedrigerem Diensteinkommen versetzt werden, wenn ihnen die persönliche oder fachliche Eignung für ihr Amt fehlt. Auf Angestellte, die in einem unkündbaren Dienstverhältnis stehen, findet diese Vorschrift entsprechende Anwendung. Bei Angestellten, deren Dienstverhältnis kündbar ist, können über die tarifmäßige Regelung hinausgehende Kündigungsfristen innerhalb der gleichen Frist aufgehoben werden.

(2) Diese Bestimmung findet keine Anwendung auf Angehörige des öffentlichen Dienstes, die von den Vorschriften über die „Befreiung von Nationalsozialismus und Militarismus" nicht betroffen oder die anerkannte Verfolgte des Nationalsozialismus sind, sofern nicht ein wichtiger Grund in ihrer Person vorliegt.

(3) Den Betroffenen steht der Rechtsweg gemäß Artikel 19 Abs. 4 offen.

(4) Das Nähere bestimmt eine Verordnung der Bundesregierung, die der Zustimmung des Bundesrates bedarf.

Art. 133 [Rechtsnachfolge der Verwaltung des Vereinigten Wirtschaftsgebietes]

Der Bund tritt in die Rechte und Pflichten der Verwaltung des Vereinigten Wirtschaftsgebietes ein.

Art. 134 [Rechtsnachfolge in das Reichsvermögen]

(1) Das Vermögen des Reiches wird grundsätzlich Bundesvermögen.

(2) Soweit es nach seiner ursprünglichen Zweckbestimmung überwiegend für Verwaltungsaufgaben bestimmt war, die nach diesem Grundgesetze nicht Verwaltungsaufgaben des Bundes sind, ist es unentgeltlich auf die nunmehr zuständigen Aufgabenträger und, soweit es nach seiner gegenwärtigen, nicht nur vorübergehenden Benutzung Verwaltungsaufgaben dient, die nach diesem Grundgesetze nunmehr von den Ländern zu erfüllen sind, auf die Länder zu übertragen. Der Bund kann auch sonstiges Vermögen den Ländern übertragen.

(3) Vermögen, das dem Reich von den Ländern und Gemeinden (Gemeindeverbänden) unentgeltlich zur Verfügung gestellt wurde, wird wiederum Vermögen der Länder und Gemeinden (Gemeindeverbände), soweit es nicht der Bund für eigene Verwaltungsaufgaben benötigt.

(4) Das Nähere regelt ein Bundesgesetz, das der Zustimmung des Bundesrates bedarf.

Art. 135 [Rechtsnachfolge in das Vermögen früherer Länder und Körperschaften]

(1) Hat sich nach dem 8. Mai 1945 bis zum Inkrafttreten dieses Grundgesetzes die Landeszugehörigkeit eines Gebietes geändert, so steht in diesem Gebiete das Vermögen des Landes, dem das Gebiet angehört hat, dem Lande zu, dem es jetzt angehört.

(2) Das Vermögen nicht mehr bestehender Länder und nicht mehr bestehender anderer Körperschaften und Anstalten des öffentlichen Rechtes geht, soweit es nach seiner ursprünglichen Zweckbestimmung überwiegend für Verwaltungsaufgaben bestimmt war, oder nach seiner gegenwärtigen, nicht nur vorübergehenden Benutzung überwiegend Verwaltungsaufgaben dient, auf das Land oder die Körperschaft oder Anstalt des öffentlichen Rechtes über, die nunmehr diese Aufgaben erfüllen.

(3) Grundvermögen nicht mehr bestehender Länder geht einschließlich des Zubehörs, soweit es nicht bereits zu Vermögen im Sinne des Absatzes 1 gehört, auf das Land über, in dessen Gebiet es belegen ist.

(4) Sofern ein überwiegendes Interesse des Bundes oder das besondere Interesse eines Gebietes es erfordert, kann durch Bundesgesetz eine von den Absätzen 1 bis 3 abweichende Regelung getroffen werden.

(5) Im übrigen wird die Rechtsnachfolge und die Auseinandersetzung, soweit sie nicht bis zum 1. Januar 1952 durch Vereinbarung zwischen den beteiligten Ländern oder Körperschaften oder Anstalten des öffentlichen Rechtes erfolgt, durch Bundesgesetz geregelt, das der Zustimmung des Bundesrates bedarf.

(6) Beteiligungen des ehemaligen Landes Preußen an Unternehmen des privaten Rechtes gehen auf den Bund über. Das Nähere regelt ein Bundesgesetz, das auch Abweichendes bestimmen kann.

(7) Soweit über Vermögen, das einem Lande oder einer Körperschaft oder Anstalt des öffentlichen Rechtes nach den Absätzen 1 bis 3 zufallen würde, von dem danach Berechtigten durch ein Landesgesetz, auf Grund eines Landesgesetzes oder in anderer Weise bei Inkrafttreten des Grundgesetzes verfügt worden war, gilt der Vermögensübergang als vor der Verfügung erfolgt.

Art. 135a [Verbindlichkeiten des Deutschen Reiches und der ehemaligen DDR]

(1) Durch die in Artikel 134 Abs. 4 und Artikel 135 Abs. 5 vorbehaltene Gesetzgebung des Bundes kann auch bestimmt werden, daß nicht oder nicht in voller Höhe zu erfüllen sind

1. Verbindlichkeiten des Reiches sowie Verbindlichkeiten des ehemaligen Landes Preußen und sonstiger nicht mehr bestehender Körperschaften und Anstalten des öffentlichen Rechts,
2. Verbindlichkeiten des Bundes oder anderer Körperschaften und Anstalten des öffentlichen Rechts, welche mit dem Übergang von Vermögenswerten nach Artikel 89, 90, 134 und 135 im Zusammenhang stehen, und Verbindlichkeiten dieser Rechtsträger, die auf Maßnahmen der in Nummer 1 bezeichneten Rechtsträger beruhen,
3. Verbindlichkeiten der Länder und Gemeinden (Gemeindeverbände), die aus Maßnahmen entstanden sind, welche diese Rechtsträger vor dem 1. August 1945 zur Durchführung von Anordnungen der Besatzungsmächte oder zur Beseitigung eines kriegsbedingten Notstandes im Rahmen dem Reich obliegender oder vom Reich übertragener Verwaltungsaufgaben getroffen haben.

(2) Absatz 1 findet entsprechende Anwendung auf Verbindlichkeiten der Deutschen Demokratischen Republik oder ihrer Rechtsträger sowie auf Verbindlichkeiten des Bundes oder anderer Körperschaften und Anstalten des öffentlichen Rechts, die mit dem Übergang von Vermögenswerten der Deutschen Demokratischen Republik auf Bund, Länder und Gemeinden

im Zusammenhang stehen, und auf Verbindlichkeiten, die auf Maßnahmen der Deutschen Demokratischen Republik oder ihrer Rechtsträger beruhen.

Art. 136 [Erster Zusammentritt des Bundesrates]

(1) Der Bundesrat tritt erstmalig am Tage des ersten Zusammentrittes des Bundestages zusammen.

(2) Bis zur Wahl des ersten Bundespräsidenten werden dessen Befugnisse von dem Präsidenten des Bundesrates ausgeübt. Das Recht der Auflösung des Bundestages steht ihm nicht zu.

Art. 137 [Wählbarkeit von Angehörigen des öffentlichen Dienstes, gesetzliche Beschränkungen]

(1) Die Wählbarkeit von Beamten, Angestellten des öffentlichen Dienstes, Berufssoldaten, freiwilligen Soldaten auf Zeit und Richtern im Bund, in den Ländern und den Gemeinden kann gesetzlich beschränkt werden.

(2) Für die Wahl des ersten Bundestages, der ersten Bundesversammlung und des ersten Bundespräsidenten der Bundesrepublik gilt das vom Parlamentarischen Rat zu beschließende Wahlgesetz.

(3) Die dem Bundesverfassungsgerichte gemäß Artikel 41 Abs. 2 zustehende Befugnis wird bis zu seiner Errichtung von dem Deutschen Obergericht für das Vereinigte Wirtschaftsgebiet wahrgenommen, das nach Maßgabe seiner Verfahrensordnung entscheidet.

Art. 138 [Süddeutsches Notariat]

Änderungen der Einrichtungen des jetzt bestehenden Notariats in den Ländern Baden, Bayern, Württemberg-Baden und Württemberg-Hohenzollern bedürfen der Zustimmung der Regierungen dieser Länder.

Art. 139 [Fortgeltung der Entnazifizierungsvorschriften]

Die zur „Befreiung des deutschen Volkes vom Nationalsozialismus und Militarismus" erlassenen Rechtsvorschriften werden von den Bestimmungen dieses Grundgesetzes nicht berührt.

Art. 140 [Recht der Religionsgesellschaften; Glaubensfreiheit; Schutz von Sonn- und Feiertagen]

Die Bestimmungen der Artikel 136, 137, 138, 139 und 141 der deutschen Verfassung vom 11. August 1919[2] sind Bestandteil dieses Grundgesetzes.

Art. 141 [Religionsunterricht, Bremer Klausel]

Artikel 7 Abs. 3 Satz 1 findet keine Anwendung in einem Lande, in dem am 1. Januar 1949 eine andere landesrechtliche Regelung bestand.

Art. 142 [Grundrechte in Landesverfassungen]

Ungeachtet der Vorschrift des Artikels 31 bleiben Bestimmungen der Landesverfassungen auch insoweit in Kraft, als sie in Übereinstimmung mit den Artikeln 1 bis 18 dieses Grundgesetzes Grundrechte gewährleisten.

Art. 142a [aufgehoben]

Art. 143 [Einigungsbedingte Abweichungen vom Grundgesetz]

(1) Recht in dem in Artikel 3 des Einigungsvertrags genannten Gebiet kann längstens bis zum 31. Dezember 1992 von Bestimmungen dieses Grundgesetzes abweichen, soweit und solange infolge der unterschiedlichen Verhältnisse die völlige Anpassung an die grundgesetzliche Ordnung noch nicht erreicht werden kann. Abweichungen dürfen nicht gegen Artikel 19 Abs. 2 verstoßen und müssen mit den in Artikel 79 Abs. 3 genannten Grundsätzen vereinbar sein.

(2) Abweichungen von den Abschnitten II, VIII, VIIIa, IX, X und XI sind längstens bis zum 31. Dezember 1995 zulässig.

(3) Unabhängig von Absatz 1 und 2 haben Artikel 41 des Einigungsvertrags und Regelungen zu seiner Durchführung auch insoweit Bestand, als sie vorsehen, daß Eingriffe in das Eigentum auf dem in Artikel 3 dieses Vertrags genannten Gebiet nicht mehr rückgängig gemacht werden.

---

2 S. Anhang.

Art. 143a [Umwandlung der Bundeseisenbahnen in Wirtschaftsunternehmen]

(1) Der Bund hat die ausschließliche Gesetzgebung über alle Angelegenheiten, die sich aus der Umwandlung der in bundeseigener Verwaltung geführten Bundeseisenbahnen in Wirtschaftsunternehmen ergeben. Artikel 87e Abs. 5 findet entsprechende Anwendung. Beamte der Bundeseisenbahnen können durch Gesetz unter Wahrung ihrer Rechtsstellung und der Verantwortung des Dienstherrn einer privat-rechtlich organisierten Eisenbahn des Bundes zur Dienstleistung zugewiesen werden.

(2) Gesetze nach Absatz 1 führt der Bund aus.

(3) Die Erfüllung der Aufgaben im Bereich des Schienenpersonennahverkehrs der bisherigen Bundeseisenbahnen ist bis zum 31. Dezember 1995 Sache des Bundes. Dies gilt auch für die entsprechenden Aufgaben der Eisenbahnverkehrsverwaltung. Das Nähere wird durch Bundesgesetz geregelt, das der Zustimmung des Bundesrates bedarf.

Art. 143b [Umwandlung der Deutschen Bundespost]

(1) Das Sondervermögen Deutsche Bundespost wird nach Maßgabe eines Bundesgesetzes in Unternehmen privater Rechtsform umgewandelt. Der Bund hat die ausschließliche Gesetzgebung über alle sich hieraus ergebenden Angelegenheiten.

(2) Die vor der Umwandlung bestehenden ausschließlichen Rechte des Bundes können durch Bundesgesetz für eine Übergangszeit den aus der Deutschen Bundespost POSTDIENST und der Deutschen Bundespost TELEKOM hervorgegangenen Unternehmen verliehen werden. Die Kapitalmehrheit am Nachfolgeunternehmen der Deutschen Bundespost POSTDIENST darf der Bund frühestens fünf Jahre nach Inkrafttreten des Gesetzes aufgeben. Dazu bedarf es eines Bundesgesetzes mit Zustimmung des Bundesrates.

(3) Die bei der Deutschen Bundespost tätigen Bundesbeamten werden unter Wahrung ihrer Rechtsstellung und der Verantwortung des Dienstherrn bei den privaten Unternehmen beschäftigt. Die Unternehmen üben Dienstherrenbefugnisse aus. Das Nähere bestimmt ein Bundesgesetz.

Art. 143c [Übergangsregelung für den Bundeshaushalt zu den weggefallenen Gemeinschaftsaufgaben Hochschulbau und Bildungsplanung und zu den abgeschafften Finanzhilfen im Bereich Gemeindeverkehrsfinanzierung und soziale Wohnraumförderung]

(1) Den Ländern stehen ab dem 1. Januar 2007 bis zum 31. Dezember 2019 für den durch die Abschaffung der Gemeinschaftsaufgaben Ausbau und Neubau von Hochschulen einschließlich Hochschulkliniken und Bildungsplanung sowie für den durch die Abschaffung der Finanzhilfen zur Verbesserung der Verkehrsverhältnisse der Gemeinden und zur sozialen Wohnraumförderung bedingten Wegfall der Finanzierungsanteile des Bundes jährlich Beträge aus dem Haushalt des Bundes zu. Bis zum 31. Dezember 2013 werden diese Beträge aus dem Durchschnitt der Finanzierungsanteile des Bundes im Referenzzeitraum 2000 bis 2008 ermittelt.

(2) Die Beträge nach Absatz 1 werden auf die Länder bis zum 31. Dezember 2013 wie folgt verteilt:

1. als jährliche Festbeträge, deren Höhe sich nach dem Durchschnittsanteil eines jeden Landes im Zeitraum 2000 bis 2003 errechnet;
2. jeweils zweckgebunden an den Aufgabenbereich der bisherigen Mischfinanzierungen.

(3) Bund und Länder überprüfen bis Ende 2013, in welcher Höhe die den Ländern nach Absatz 1 zugewiesenen Finanzierungsmittel zur Aufgabenerfüllung der Länder noch angemessen und erforderlich sind. Ab dem 1. Januar 2014 entfällt die nach Absatz 2 Nr. 2 vorgesehene Zweckbindung der nach Absatz 1 zugewiesenen Finanzierungsmittel; die investive Zweckbindung des Mittelvolumens bleibt bestehen. Die Vereinbarungen aus dem Solidarpakt II bleiben unberührt.

(4) Das Nähere regelt ein Bundesgesetz, das der Zustimmung des Bundesrates bedarf.

Art. 144 [Annahme des Grundgesetzes]

(1) Dieses Grundgesetz bedarf der Annahme durch die Volksvertretungen in zwei Dritteln der deutschen Länder, in denen es zunächst gelten soll.

(2) Soweit die Anwendung dieses Grundgesetzes in einem der in Artikel 23 aufgeführten Länder oder in einem Teile eines dieser Länder Beschränkungen unterliegt, hat das Land oder der Teil des Landes das Recht, gemäß Artikel 38 Vertreter in den Bundestag und gemäß Artikel 50 Vertreter in den Bundesrat zu entsenden.

Art. 145 [Inkrafttreten des Grundgesetzes]

(1) Der Parlamentarische Rat stellt in öffentlicher Sitzung unter Mitwirkung der Abgeordneten Groß-Berlins die Annahme dieses Grundgesetzes fest, fertigt es aus und verkündet es.

(2) Dieses Grundgesetz tritt mit Ablauf des Tages der Verkündung in Kraft.

(3) Es ist im Bundesgesetzblatte zu veröffentlichen.

Art. 146 [Geltungsdauer des Grundgesetzes]

Dieses Grundgesetz, das nach Vollendung der Einheit und Freiheit Deutschlands für das gesamte deutsche Volk gilt, verliert seine Gültigkeit an dem Tage, an dem eine Verfassung in Kraft tritt, die von dem deutschen Volke in freier Entscheidung beschlossen worden ist.

Auszug aus der Deutschen Verfassung vom 11. August 1919 [Weimarer Verfassung]

Art. 136 [Individuelle Religionsfreiheit]

(1) Die bürgerlichen und staatsbürgerlichen Rechte und Pflichten werden durch die Ausübung der Religionsfreiheit weder bedingt noch beschränkt.

(2) Der Genuß bürgerlicher und staatsbürgerlicher Rechte sowie die Zulassung zu öffentlichen Ämtern sind unabhängig von dem religiösen Bekenntnis.

(3) Niemand ist verpflichtet, seine religiöse Überzeugung zu offenbaren. Die Behörden haben nur soweit das Recht, nach der Zugehörigkeit zu einer Religionsgesellschaft zu fragen als davon Rechte und Pflichten abhängen oder eine gesetzlich angeordnete statistische Erhebung dies erfordert.

(4) Niemand darf zu einer kirchlichen Handlung oder Feierlichkeit oder zur Teilnahme an religiösen Übungen oder zur Benutzung einer religiösen Eidesform gezwungen werden.

Art. 137 [Religionsgesellschaften]

(1) Es besteht keine Staatskirche.

(2) Die Freiheit der Vereinigung zu Religionsgesellschaften wird gewährleistet. Der Zusammenschluß von Religionsgesellschaften innerhalb des Reichsgebiets unterliegt keinen Beschränkungen.

(3) Jede Religionsgesellschaft ordnet und verwaltet ihre Angelegenheiten selbständig innerhalb der Schranken des für alle geltenden Gesetzes. Sie verleiht ihre Ämter ohne Mitwirkung des Staates oder der bürgerlichen Gemeinde.

(4) Religionsgesellschaften erwerben die Rechtsfähigkeit nach den allgemeinen Vorschriften des bürgerlichen Rechtes.

(5) Die Religionsgesellschaften bleiben Körperschaften des öffentlichen Rechtes, soweit sie solche bisher waren. Anderen Religionsgesellschaften sind auf ihren Antrag gleiche Rechte zu gewähren, wenn sie durch ihre Verfassung und die Zahl ihrer Mitglieder die Gewähr der Dauer bieten.

Schließen sich mehrere derartige öffentlich-rechtliche Religionsgesellschaften zu einem Verbande zusammen, so ist auch dieser Verband eine öffentlich-rechtliche Körperschaft.

(6) Die Religionsgesellschaften, welche Körperschaften des öffentlichen Rechtes sind, sind berechtigt, auf Grund der bürgerlichen Steuerlisten nach Maßgabe der landesrechtlichen Bestimmungen Steuern zu erheben.

(7) Den Religionsgesellschaften werden die Vereinigungen gleichgestellt, die sich die gemeinschaftliche Pflege einer Weltanschauung zur Aufgabe machen.

(8) Soweit die Durchführung dieser Bestimmungen eine weitere Regelung erfordert, liegt diese der Landesgesetzgebung ob.

Art. 138 [Vermögen der Religionsgesellschaften]

(1) Die auf Gesetz, Vertrag oder besonderen Rechtstiteln beruhenden Staatsleistungen an die Religionsgesellschaften werden durch die Landesgesetzgebung abgelöst. Die Grundsätze hierfür stellt das Reich auf.

(2) Das Eigentum und andere Rechte der Religionsgesellschaften und religiösen Vereine an ihren für Kultus-, Unterrichts- und Wohltätigkeitszwekke bestimmten Anstalten, Stiftungen und sonstigen Vermögen werden gewährleistet.

Art. 139 [Schutz von Sonn- und Feiertagen]

Der Sonntag und die staatlich anerkannten Feiertage bleiben als Tage der Arbeitsruhe und der seelischen Erhebung gesetzlich geschützt.

Art. 141 [Anstaltsseelsorge]

Soweit das Bedürfnis nach Gottesdienst und Seelsorge im Heer, in Krankenhäusern, Strafanstalten oder sonstigen öffentlichen Anstalten besteht, sind die Religionsgesellschaften zur Vornahme religiöser Handlungen zuzulassen, wobei jeder Zwang fernzuhalten ist.

Föderalismusreform-Begleitgesetz vom 5. September 2006 (BGBl. I S. 2098)

Der Bundestag hat mit Zustimmung des Bundesrates das folgende Gesetz beschlossen:

Inhaltsübersicht

Artikel 1	Änderung des Bundesverfassungsgerichtsgesetzes
Artikel 2	Änderung des Gesetzes über die Zusammenarbeit von Bund und Ländern in Angelegenheiten der Europäischen Union
Artikel 3	Änderung des Baugesetzbuchs
Artikel 4	Änderung des Krankenhausfinanzierungsgesetzes
Artikel 5	Änderung der Bundespflegesatzverordnung
Artikel 6	Gesetz zur Überleitung der sozialen Wohnraumförderung auf die Länder (Wohnraumförderung-Überleitungsgesetz – WoFÜG)
Artikel 7	Änderung des Wohnungsbindungsgesetzes
Artikel 8	Änderung des Gesetzes über den Abbau der Fehlsubventionierung im Wohnungswesen
Artikel 9	Änderung des Wohnraumförderungsgesetzes
Artikel 10	Änderung der Finanzgerichtsordnung
Artikel 11	Änderung des Bürgerlichen Gesetzbuchs
Artikel 12	Änderung des Finanzverwaltungsgesetzes
Artikel 13	Gesetz zur Entflechtung von Gemeinschaftsaufgaben und Finanzhilfen (Entflechtungsgesetz – EntflechtG)
Artikel 14	Gesetz zur innerstaatlichen Aufteilung von unverzinslichen Einlagen und Geldbußen gemäß Artikel 104 des Vertrags zur Gründung der Europäischen Gemeinschaft (Sanktionszahlungs-Aufteilungsgesetz – SZAG)
Artikel 15	Gesetz zur Lastentragung im Bund-Länder-Verhältnis bei Verletzung von supranationalen oder völkerrechtlichen Verpflichtungen (Lastentragungsgesetz – LastG)
Artikel 16	Änderung des Maßstäbegesetzes
Artikel 17	Änderung des Finanzausgleichsgesetzes
Artikel 18	Änderung der Abgabenordnung
Artikel 19	Änderung des Einkommensteuergesetzes
Artikel 20	Änderung des Fünften Buches Sozialgesetzbuch
Artikel 21	Änderung des Krankenhausentgeltgesetzes
Artikel 22	Inkrafttreten, Außerkrafttreten

Art. 1 Änderung des Bundesverfassungsgerichtsgesetzes

Das Bundesverfassungsgerichtsgesetz in der Fassung der Bekanntmachung vom 11. August 1993 (BGBl. I S. 1473), zuletzt geändert durch Artikel 5 Abs. 2 des Gesetzes vom 15. Dezember 2004 (BGBl. I S. 3396), wird wic folgt gcändcrt:

1. § 13 wird wie folgt geändert:
   a) Nach Nummer 6a wird folgende Nummer 6b eingefügt:
      „6b. darüber, ob im Falle des Artikels 72 Abs. 4 die Erforderlichkeit für eine bundesgesetzliche Regelung nach Artikel 72 Abs. 2 nicht mehr besteht oder Bundesrecht in den Fällen des Artikels 125a Abs. 2 Satz 1 nicht mehr erlassen werden könnte, auf Antrag des Bundesrates, einer Landesregierung oder der Volksvertretung eines Landes (Artikel 93 Abs. 2 des Grundgesetzes),“.
   b) In Nummer 15 wird die Angabe „Artikel 93 Abs. 2“ durch die Angabe „Artikel 93 Abs. 3“ ersetzt.
2. In § 14 Abs. 1 Satz 2 wird nach der Angabe „§ 13 Nr. 6a“ die Angabe „oder 6b“ eingefügt.
3. Im III. Teil wird der Sechzehnte Abschnitt wie folgt gefasst:

„Sechzehnter Abschnitt
Verfahren in den Fällen des § 13 Nr. 6b
§ 97

(1) Aus der Begründung eines Antrags nach Artikel 93 Abs. 2 Satz 1 des Grundgesetzes muss sich das Vorliegen der in Artikel 93 Abs. 2 Satz 3 des Grundgesetzes bezeichneten Voraussetzung ergeben.

(2) Das Bundesverfassungsgericht gibt den anderen Antragsberechtigten sowie dem Bundestag und der Bundesregierung binnen einer zu bestimmenden Frist Gelegenheit zur Äußerung.

(3) Ein Äußerungsberechtigter nach Absatz 2 kann in jeder Lage des Verfahrens beitreten.“

Art. 2 Änderung des Gesetzes über die Zusammenarbeit von Bund und Ländern in Angelegenheiten der Europäischen Union

Das Gesetz über die Zusammenarbeit von Bund und Ländern in Angelegenheiten der Europäischen Union vom 12. März 1993 (BGBl. I S. 313,

1780), geändert durch Artikel 2 Abs. 2 des Gesetzes vom 17. November 2005 (BGBl. I S. 3178) wird wie folgt geändert:

1. § 6 Abs. 2 wird wie folgt gefasst:

   „(2) Wenn im Schwerpunkt ausschließliche Gesetzgebungsbefugnisse der Länder auf den Gebieten der schulischen Bildung, der Kultur oder des Rundfunks betroffen sind, überträgt die Bundesregierung die Verhandlungsführung in den Beratungsgremien der Kommission und des Rates und bei Ratstagungen in der Zusammensetzung der Minister auf einen Vertreter der Länder. Für diese Ratstagungen kann vom Bundesrat nur ein Mitglied einer Landesregierung im Ministerrang benannt werden. Die Ausübung der Rechte durch den Vertreter der Länder erfolgt unter Teilnahme von und in Abstimmung mit dem Vertreter der Bundesregierung. Die Abstimmung der Verhandlungsposition mit dem Vertreter der Bundesregierung im Hinblick auf eine sich ändernde Verhandlungslage erfolgt entsprechend den für die interne Willensbildung geltenden Regeln und Kriterien. Der Bundesrat kann für Ratstagungen in der Zusammensetzung der Minister, bei denen Vorhaben behandelt werden, die nicht im Schwerpunkt ausschließliche Gesetzgebungsbefugnisse der Länder in den Bereichen schulische Bildung, Kultur oder Rundfunk, jedoch sonstige ausschließliche Gesetzgebungsbefugnisse der Länder betreffen, als Vertreter der Länder Mitglieder von Landesregierungen im Ministerrang benennen, die berechtigt sind, in Abstimmung mit dem Vertreter der Bundesregierung Erklärungen abzugeben. Betrifft ein Vorhaben ausschließliche Gesetzgebungsbefugnisse der Länder, jedoch nicht im Schwerpunkt die Bereiche schulische Bildung, Kultur oder Rundfunk, so übt die Bundesregierung die Verhandlungsführung in den Beratungsgremien der Kommission und des Rates und bei Ratstagungen in der Zusammensetzung der Minister in Abstimmung mit dem Vertreter der Länder aus."

2. Dem § 7 wird folgender Absatz 4 angefügt:

   „(4) Über die Einlegung des zulässigen Rechtsmittels beim Europäischen Gerichtshof gegen eine länderübergreifende Finanzkorrektur der Europäischen Gemeinschaften stellt die Bundesregierung mit den betroffenen Ländern Einvernehmen her. Wird das Einvernehmen nicht erzielt, ist die Bundesregierung auf ausdrückliches Verlangen betroffener Länder zur Einlegung des Rechtsmittels verpflichtet. In diesem Fall werden die Kosten des Rechtsmittelverfahrens von den Ländern getragen, welche die Einlegung des Rechtsmittels verlangt haben."

Art. 3 Änderung des Baugesetzbuchs

Das Baugesetzbuch in der Fassung der Bekanntmachung vom 23. September 2004 (BGBl. I S. 2414, zuletzt geändert durch Artikel 21 des Gesetzes vom 21. Juni 2005 (BGBl. I S. 1818), wird wie folgt geändert:

1. In der Inhaltsübersicht wird die Angabe zu § 245 wie folgt gefasst:

   „§ 245 Überleitungsvorschriften für den Stadtumbau, die Soziale Stadt und die Förderung städtebaulicher Maßnahmen".

2. In § 164b Abs. 1 werden die Wörter „ Artikel 104a Abs. 4 des Grundgesetzes" durch die Wörter „ Artikel 104b des Grundgesetzes" ersetzt.

3. § 245 wird wie folgt geändert:

   a) Die Überschrift wird wie folgt gefasst:
      „§ 245 Überleitungsvorschriften für den Stadtumbau, die Soziale Stadt und die Förderung städtebaulicher Maßnahmen".

   b) In Absatz 1 werden nach den Wörtern „Artikel 104a Abs. 4 des Grundgesetzes" die Wörter „in seiner bis zum 20. Juli 2004 geltenden Fassung" eingefügt.

   c) In Absatz 2 werden nach den Wörtern „Artikel 104a Abs. 4 des Grundgesetzes" die Wörter „in seiner bis zum 20. Juli 2004 geltenden Fassung" eingefügt.

   d) Nach Absatz 2 wird folgender Absatz angefügt:

      „(3) Für die zur Förderung städtebaulicher Maßnahmen bis zum 1. September 2006 geschlossenen Verwaltungsvereinbarungen über die Gewährung von Finanzhilfen des Bundes an die Länder nach Artikel 104a Abs. 4 des Grundgesetzes in seiner bis zum 1. September 2006 geltenden Fassung ist § 164b in seiner bis zum 12. September 2006 geltenden Fassung bis zum 31. Dezember 2019 anzuwenden."

Art. 4 Änderung des Krankenhausfinanzierungsgesetzes

§ 5 Abs. 1 Nr. 1 des Krankenhausfinanzierungsgesetzes in der Fassung der Bekanntmachung vom 10. April 1991 (BGBl. I 1991 S. 886), das zuletzt durch Artikel 25 des Gesetzes vom 16. August 2006 (BGBl. I S. 1819) geändert worden ist, wird wie folgt gefasst:

„1. Krankenhäuser, die nach den landesrechtlichen Vorschriften für den Hochschulbau gefördert werden; dies gilt für Krankenhäuser, die Aufgaben der Ausbildung von Ärzten nach der Approbationsordnung für Ärzte vom 27. Juni 2002 (BGBl. I S. 2405), zuletzt geändert durch Artikel 71 des Gesetzes vom 21. Juni 2005 (BGBl. I S. 1818) erfüllen, nur hinsichtlich der nach den landesrechtlichen Vorschriften für Hochschulen förderfähigen Maßnahmen."

Art. 5 Änderung der Bundespflegesatzverordnung

Die Bundespflegesatzverordnung vom 26. September 1994 (BGBl. I S. 2750), zuletzt geändert durch Artikel 5 des Gesetzes vom 29. August 2005 (BGBl. I S. 2570), wird wie folgt geändert:

1. § 4 Nr. 2 wird wie folgt gefasst:

   „2. bei Hochschulkliniken aus der Anerkennung nach den landesrechtlichen Vorschriften und dem Krankenhausplan nach § 6 Abs. 1 des Krankenhausfinanzierungsgesetzes sowie ergänzenden Vereinbarungen nach § 109 Abs. 1 Satz 4 des Fünften Buches Sozialgesetzbuch,"

2. § 8 Abs. 1 wird wie folgt geändert:

   a) In Satz 1 werden die Wörter „nach dem Hochschulbauförderungsgesetz" durch die Wörter „nach den landesrechtlichen Vorschriften für den Hochschulbau" ersetzt.

   b) In Satz 3 werden die Wörter „oder des Hochschulbauförderungsgesetzes" durch die Wörter „oder der landesrechtlichen Vorschriften für den Hochschulbau" ersetzt.

Art. 6 Gesetz zur Überleitung der sozialen Wohnraumförderung auf die Länder (Wohnraumförderung-Überleitungsgesetz – WoFÜG)

§ 1 Verzinsung und Tilgung der den Ländern zur Förderung des Wohnungsbaus gewährten Darlehen des Bundes

Die den Ländern zur Förderung des Wohnungsbaus als Darlehen gewährten Bundesmittel und Finanzhilfen sind mindestens so zu verzinsen und zu tilgen, dass die Zins- und Tilgungsbeträge demjenigen Anteil aller im Land aufgekommenen Zins- und Tilgungsbeträge einschließlich außerplanmäßiger Tilgungen entsprechen, der sich nach dem Verhältnis der am Ende des Kalenderjahres dem Land insgesamt als Darlehen gewährten Bundesmittel und Finanzhilfen zu den übrigen Mitteln des Landes errechnet. Die Tilgung der Bundesmittel und Finanzhilfen muss mindestens ein Prozent betragen. Die Verpflichtung des Landes zur vollständigen Tilgung der als Darlehen gewährten Bundesmittel und Finanzhilfen bleibt unberührt. Näheres wird durch Verwaltungsvereinbarung geregelt.

§ 2 Wohnungsfürsorge des Bundes, Bergarbeiterwohnungsbau

(1) Auf Wohnungsfürsorgemittel, die aus Haushalten des Bundes sowie der früheren öffentlich-rechtlichen Sondervermögen des Bundes oder deren Rechtsnachfolger zur Verfügung gestellt worden sind, und die

1. vor dem 1. Januar 2002,
2. in den Fällen des § 46 Abs. 2 des Wohnraumförderungsgesetzes vom 13. September 2001 (BGBl. I S. 2376), das zuletzt durch Artikel 4 des Gesetzes vom 15. Dezember 2004 (BGBl. I S. 3450) geändert worden ist, vor dem 1. Januar 2003

nach § 87a des Zweiten Wohnungsbaugesetzes in der Fassung der Bekanntmachung vom 19. August 1994 (BGBl. I S. 2137), das zuletzt durch Artikel 7 Abs. 8 des Gesetzes vom 19. Juni 2001 (BGBl. I S. 1149) geändert worden ist, bewilligt worden sind, ist § 87a des Zweiten Wohnungsbaugesetzes in der am 31. Dezember 2001 geltenden Fassung weiter anzuwenden.

(2) Auf Wohnraum

1. für dessen Bau ein Darlehen oder ein Zuschuss aus den in Absatz 1 genannten Wohnungsfürsorgemitteln vor dem 1. Januar 2002 und in den Fällen des § 46 Abs. 2 des Wohnraumförderungsgesetzes vor dem 1. Januar 2003 bewilligt worden ist,
2. der nach dem Gesetz zur Förderung des Bergarbeiterwohnungsbaus im Kohlenbergbau in der Fassung der Bekanntmachung vom 25. Juli 1997 (BGBl. I S. 1942), zuletzt geändert durch Artikel 59 der Verordnung vom 25. November 2003 (BGBl. I S. 2304), gefördert worden ist,

sind das Wohnungsbindungsgesetz in der Fassung der Bekanntmachung vom 13. September 2001 (BGBl. I S. 2404), die Neubaumietenverordnung 1970 in der Fassung der Bekanntmachung vom 12. Oktober 1990 (BGBl. I S. 2203), zuletzt geändert durch Artikel 4 der Verordnung vom 25. November 2003 (BGBl. I S. 2346), und die Zweite Berechnungsverordnung in der Fassung der Bekanntmachung vom 12. Oktober 1990 (BGBl. I S. 2178), zuletzt geändert durch Artikel 3 der Verordnung vom 25. November 2003 (BGBl. I S. 2343), weiter anzuwenden, soweit diese Vorschriften am 31. Dezember 2006 Anwendung finden.

Art. 7 Änderung des Wohnungsbindungsgesetzes

Das Wohnungsbindungsgesetz in der Fassung der Bekanntmachung vom 13. September 2001 (BGBl. I S. 2404) wird wie folgt geändert:

1. In § 1 werden nach dem Wort „Absatz 1“ die Wörter „und nach Maßgabe des § 2 des Wohnraumförderung-Überleitungsgesetzes vom

5. September 2006 (BGBl. I S. 1098, 2100) für den in dessen Absatz 2" eingefügt.

2. In § 22 Abs. 1 werden die Wörter „§ 50 Abs. 1 Satz 1 Nr. 5 des Wohnraumförderungsgesetzes" durch die Wörter „§ 2 Abs. 2 Nr. 2 des Wohnraumförderung-Überleitungsgesetzes" ersetzt.

3. § 28 wird wie folgt geändert:

   a) In Absatz 1 werden die Wörter „Bundesregierung wird" durch die Wörter „Landesregierungen werden" ersetzt und die Wörter „mit Zustimmung des Bundesrates" gestrichen.

   b) Nach Absatz 2 wird folgender Absatz 3 angefügt:

      „(3) Die Landesregierungen können die Ermächtigung nach Absatz 1 durch Rechtsverordnung auf eine oberste Landesbehörde übertragen."

Art. 8 Änderung des Gesetzes über den Abbau der Fehlsubventionierung im Wohnungswesen

Das Gesetz über den Abbau der Fehlsubventionierung im Wohnungswesen in der Fassung der Bekanntmachung vom 13. September 2001 (BGBl. I S. 2414), zuletzt geändert durch Artikel 23 des Gesetzes vom 27. Dezember 2003 (BGBl. I S. 3022), wird wie folgt geändert:

1. In § 14 Abs. 1 wird Satz 2 gestrichen.

2. § 15 wird wie folgt geändert:

   a) In Absatz 1 Satz 1 werden die Wörter „§ 50 Abs. 1 Satz 1 Nr. 1 bis 3 und 5 und Satz 2 des Wohnraumförderungsgesetzes" durch die Wörter „§ 50 Abs. 1 Satz 1 Nr. 1 bis 3 und Satz 2 des Wohnraumförderungsgesetzes und in § 2 Abs. 2 des Wohnraumförderung-Überleitungsgesetzes vom 5. September 2006 (BGBl. I S. 2098, 2100)" ersetzt.

   b) Absatz 3 wird wie folgt geändert:

      aa) In Satz 1 werden die Wörter „§ 50 Abs. 1 Satz 1 Nr. 5 des Wohnraumförderungsgesetzes" durch die Wörter „§ 2 Abs. 2 Nr. 2 des Wohnraumförderung-Überleitungsgesetzes" ersetzt.

      bb) In Satz 2 werden die Wörter „§ 50 Abs. 1 Satz 1 Nr. 3 und 5 des Wohnraumförderungsgesetzes" durch die Wörter „§ 50 Abs. 1 Satz 1 Nr. 3 des Wohnraumförderungsgesetzes und in § 2 Abs. 2 des Wohnraumförderung-Überleitungsgesetzes" ersetzt.

Art. 9 Änderung des Wohnraumförderungsgesetzes

Das Wohnraumförderungsgesetz vom 13. September 2001 (BGBl. I S. 2376), zuletzt geändert durch Artikel 4 des Gesetzes vom 15. Dezember 2004 (BGBl. I S. 3450), wird wie folgt geändert:

1. In § 3 Abs. 1 werden das Wort „Bund“ und das nachfolgende Komma gestrichen.
2. In § 4 Abs. 1 werden das Wort „Bund“ und das nachfolgende Komma gestrichen.
3. § 19 wird wie folgt gefasst:

   „§ 19
   Wohnfläche

   Die Wohnfläche einer Wohnung ist die Summe der anrechenbaren Grundflächen der ausschließlich zur Wohnung gehörenden Räume. Die Landesregierungen werden ermächtigt, durch Rechtsverordnung Vorschriften zur Berechnung der Grundfläche und zur Anrechenbarkeit auf die Wohnfläche zu erlassen. Die Landesregierungen können die Ermächtigung durch Rechtsverordnung auf eine oberste Landesbehörde übertragen.“
4. Die §§ 38 bis 43 werden aufgehoben.
5. § 47 Abs. 1 wird aufgehoben.
6. In § 48 Abs. 1 Nr. 1 Buchstabe b werden nach dem Wort „Wohnungsfürsorgemittel“ ein Komma und die Wörter „mit Ausnahme von Wohnungsfürsorgemitteln des Bundes sowie der früheren öffentlich-rechtlichen Sondervermögen des Bundes oder deren Rechtsnachfolger,“ eingefügt.
7. § 50 Abs. 1 wird wie folgt geändert:
   a) In Nummer 3 werden nach dem Wort „Wohnungsfürsorgemitteln“ ein Komma und die Wörter „mit Ausnahme von Wohnungsfürsorgemitteln des Bundes sowie der früheren öffentlich-rechtlichen Sondervermögen des Bundes oder deren Rechtsnachfolger,“ eingefügt.
   b) Nummer 5 wird aufgehoben.
8. In § 51 Abs. 1 werden die Wörter „5 und Satz 2“ durch die Wörter „Satz 2 und den in § 2 Abs. 2 Nr. 2 des Wohnraumförderung-Überleitungsgesetzes vom 5. September 2006 (BGBl. I S. 2098, 2100)“ ersetzt.

Art. 10 Änderung der Finanzgerichtsordnung

In § 76 Abs. 4 der Finanzgerichtsordnung in der Fassung der Bekanntmachung vom 28. März 2001 (BGBl. I S. 442, 2262, 2002 I S. 679), die zuletzt durch Artikel 3 des Gesetzes vom 22. März 2005 (BGBl. I S. 837, 2022) geändert worden ist, wird die Angabe „§§ 88, 89 der Abgabenordnung“ durch die Angabe „§§ 88, 89 Abs. 1 der Abgabenordnung“ ersetzt.

Art. 11 Änderung des Bürgerlichen Gesetzbuchs

§ 556 Abs. 1 des Bürgerlichen Gesetzbuches in der Fassung der Bekanntmachung vom 2. Januar 2002 (BGBl. I S. 42, 2909, 2003 I S. 738), das zuletzt durch Artikel 3 Abs. 14 des Gesetzes vom 14. August 2006 (BGBl. I S. 1897) geändert worden ist, wird wie folgt gefasst:

„(1) Die Vertragsparteien können vereinbaren, dass der Mieter Betriebskosten trägt. Betriebskosten sind die Kosten, die dem Eigentümer oder Erbbauberechtigten durch das Eigentum oder das Erbbaurecht am Grundstück oder durch den bestimmungsmäßigen Gebrauch des Gebäudes, der Nebengebäude, Anlagen, Einrichtungen und des Grundstücks laufend entstehen. Für die Aufstellung der Betriebskosten gilt die Betriebskostenverordnung vom 25. November 2003 (BGBl. I S. 2346, 2347) fort. Die Bundesregierung wird ermächtigt, durch Rechtsverordnung ohne Zustimmung des Bundesrates Vorschriften über die Aufstellung der Betriebskosten zu erlassen.“

Art. 12 Änderung des Finanzverwaltungsgesetzes

Das Finanzverwaltungsgesetz in der Fassung der Bekanntmachung vom 4. April 2006 (BGBl. I S. 846, 1202), geändert durch Artikel 3 Abs. 7 des Gesetzes vom 17. Juli 2006 (BGBl. I S. 1466), wird wie folgt geändert:

1. In § 5 Abs. 1 Nr. 26 wird der den Satz abschließende Punkt durch ein Semikolon ersetzt und werden folgende Nummern 27 und 28 angefügt:
   „27. die Erteilung von verbindlichen Auskünften nach § 89 Abs. 2 Satz 3 der Abgabenordnung;
   28. die Unterstützung der Finanzbehörden der Länder bei der Verhütung und Verfolgung von Steuerstraftaten mit länderübergreifender, internationaler oder erheblicher Bedeutung sowie bei Anzeigen nach § 116 Abs. 1 der Abgabenordnung. Das Bundeszentralamt für Steuern hat zur Wahrnehmung dieser Aufgabe alle hierfür erforderlichen Informationen zu sammeln und auszuwerten und die Behörden der Länder über die sie betreffenden Informationen

und die in Erfahrung gebrachten Zusammenhänge von Straftaten zu unterrichten."

2. Dem § 19 werden folgende Absätze 4 und 5 angefügt:

   „(4) Ist bei der Auswertung des Prüfungsberichts oder im Rechtsbehelfsverfahren beabsichtigt, von den Feststellungen des Bundeszentralamtes für Steuern abzuweichen, so ist diesem Gelegenheit zur Stellungnahme zu geben.

   (5) Das Bundeszentralamt für Steuern kann verlangen, dass bestimmte von ihm namhaft gemachte Betriebe geprüft werden und Regelungen zur Durchführung und zu Inhalten der Außenprüfung dieser Betriebe festlegen. Es wirkt in diesen Fällen an der jeweiligen Außenprüfung mit. Dies gilt insbesondere in Fällen, in denen die Gleichmäßigkeit der Rechtsanwendung in mehreren Betrieben sicherzustellen ist, sowie in den Fällen des Absatzes 3 Satz 2."

3. Dem § 20 Abs. 1 wird folgender Satz angefügt:

   „Das Bundesministerium der Finanzen kann zur Verbesserung oder Erleichterung des gleichmäßigen Vollzugs der Steuergesetze den bundeseinheitlichen Einsatz eines bestimmten Programms für die automatisierte Datenverarbeitung anweisen, wenn nicht die Mehrzahl der Länder dagegen Einwendungen erhebt. Im Falle einer Anweisung sind die Länder verpflichtet, die technischen und organisatorischen Einsatzvoraussetzungen dafür zu schaffen."

4. Nach § 21 wird folgender § 21a eingefügt:

   „§ 21a
   Allgemeine Verfahrensgrundsätze

   (1) Zur Verbesserung und Erleichterung des Vollzugs von Steuergesetzen und im Interesse des Zieles der Gleichmäßigkeit der Besteuerung bestimmt das Bundesministerium der Finanzen mit Zustimmung der obersten Finanzbehörden der Länder einheitliche Verwaltungsgrundsätze, gemeinsame Vollzugsziele, Regelungen zur Zusammenarbeit des Bundes mit den Ländern und erteilt allgemeine fachliche Weisungen. Die Zustimmung gilt als erteilt, wenn eine Mehrheit der Länder nicht widerspricht. Initiativen zur Festlegung der Angelegenheiten des Satzes 1 kann das Bundesministerium der Finanzen allein oder auf gemeinsame Veranlassung von mindestens vier Ländern ergreifen.

   (2) Die obersten Finanzbehörden des Bundes und der Länder überprüfen regelmäßig die Erfüllung der gemeinsam festgelegten Vollzugs-

ziele. Hierzu übermitteln die obersten Finanzbehörden der Länder dem Bundesministerium der Finanzen die erforderlichen Daten.

(3) Vereinbarungen nach Absatz 1 Satz 1 sind für die obersten Finanzbehörden des Bundes und der Länder verbindlich."

Art. 13 Gesetz zur Entflechtung von Gemeinschaftsaufgaben und Finanzhilfen (Entflechtungsgesetz – EntflechtG)

§ 1 Allgemein

Den Ländern stehen nach Artikel 143c Abs. 1 Satz 1 des Grundgesetzes ab dem 1. Januar 2007 bis zum 31. Dezember 2019 für den durch die Abschaffung der Gemeinschaftsaufgaben „Ausbau und Neubau von Hochschulen einschließlich Hochschulkliniken" und „Bildungsplanung" sowie für den durch die Abschaffung der Finanzhilfen zur Verbesserung der Verkehrsverhältnisse der Gemeinden und zur sozialen Wohnraumförderung bedingten Wegfall der Finanzierungsanteile des Bundes jährlich Beträge aus dem Haushalt des Bundes zu.

§ 2 Finanzierung beendeter Gemeinschaftsaufgaben

(1) Mit der Beendigung der Gemeinschaftsaufgabe „Ausbau und Neubau von Hochschulen einschließlich der Hochschulkliniken" steht den Ländern nach Artikel 143c Abs. 1 des Grundgesetzes ab dem 1. Januar 2007 bis zum 31. Dezember 2013 jährlich ein Betrag von 695 300 000 Euro aus dem Haushalt des Bundes zu. Mit diesem Betrag sind auch die Mittel zur Ausfinanzierung der vom Bund bis 2006 eingegangenen Verpflichtungen abgegolten. Der Bund stellt ab dem 1. Januar 2007 bis zum 31. Dezember 2013 jährlich einen Betrag von 298 000 000 Euro für überregionale Fördermaßnahmen im Hochschulbereich nach Artikel 91b Abs. 1 des Grundgesetzes zur Verfügung. Bis zum Jahresende nicht verbrauchte Mittel nach Satz 3 werden im Übergangszeitraum 2007/2008 auf die nächsten Haushaltsjahre übertragen; in den Folgejahren nicht verbrauchte Mittel sind übertragbar.

(2) Mit der Beendigung der Gemeinschaftsaufgabe „Bildungsplanung" steht den Ländern ab dem 1. Januar 2007 bis zum 31. Dezember 2013 jährlich ein Betrag von 19 900 000 Euro aus dem Haushalt des Bundes zu. Mit diesem Betrag sind auch die Mittel zur Ausfinanzierung der vom Bund bis 2006 eingegangenen Verpflichtungen abgegolten. Der Bund stellt ab dem 1. Januar 2007 bis zum 31. Dezember 2013 jährlich einen

Betrag von 19 900 000 Euro für die nach Artikel 91b Abs. 2 des Grundgesetzes neu definierte Gemeinschaftsaufgabe zur Verfügung; diese Mittel können bis 2008 auch zur Mitfinanzierung auslaufender Modellversuche verwendet werden.

§ 3 Finanzierung beendeter Finanzhilfen

(1) Mit der Beendigung der Finanzhilfen des Bundes für Investitionen zur Verbesserung der Verkehrsverhältnisse der Gemeinden steht den Ländern ab dem 1. Januar 2007 bis zum 31. Dezember 2013 jährlich ein Betrag von 1 335 500 000 Euro aus dem Haushalt des Bundes zu. Der Bund führt im Rahmen seiner Zuständigkeit die besonderen Programme nach § 6 Abs. 1 und § 10 Abs. 2 Satz 1 und 3 des Gemeindeverkehrsfinanzierungsgesetzes fort.

(2) Mit der Beendigung der Finanzhilfen des Bundes zur Wohnraumförderung steht den Ländern ab dem 1. Januar 2007 bis zum 31. Dezember 2013 jährlich ein Betrag von 518 200 000 Euro aus dem Haushalt des Bundes zu. Mit diesem Betrag sind auch die Mittel zur Ausfinanzierung der vom Bund bis 2006 eingegangenen Verpflichtungen abgegolten.

§ 4 Verteilung

(1) Der Betrag nach § 2 Abs. 1 Satz 1 wird auf die Länder mit den folgenden Prozentsätzen unter Rundung auf Tausend Euro verteilt:

Baden-Württemberg	14,684002 Prozent
Bayern	17,256483 Prozent
Berlin	4,917843 Prozent
Brandenburg	3,223713 Prozent
Bremen	1,847088 Prozent
Hamburg	2,683724 Prozent
Hessen	4,319915 Prozent
Mecklenburg-Vorpommern	3,460103 Prozent
Niedersachsen	6,934112 Prozent
Nordrhein-Westfalen	15,395490 Prozent
Rheinland-Pfalz	3,654778 Prozent
Saarland	1,476280 Prozent
Sachsen	8,201812 Prozent
Sachsen-Anhalt	5,172773 Prozent
Schleswig-Holstein	2,553941 Prozent
Thüringen	4,217943 Prozent

(2) Der Betrag nach § 2 Abs. 2 Satz 1 wird auf die Länder mit den folgenden Prozentsätzen unter Rundung auf Tausend Euro verteilt:

Baden-Württemberg	8,073403 Prozent
Bayern	10,748807 Prozent
Berlin	11,227587 Prozent
Brandenburg	1,455913 Prozent
Bremen	3,323798 Prozent
Hamburg	2,696733 Prozent
Hessen	5,785924 Prozent
Mecklenburg-Vorpommern	1,487177 Prozent
Niedersachsen	5,854672 Prozent
Nordrhein-Westfalen	24,414581 Prozent
Rheinland-Pfalz	4,110835 Prozent
Saarland	1,181620 Prozent
Sachsen	3,510779 Prozent
Sachsen-Anhalt	2,190849 Prozent
Schleswig-Holstein	11,814005 Prozent
Thüringen	2,123317 Prozent

(3) Der Betrag nach § 3 Abs. 1 Satz 1 wird auf die Länder mit den folgenden Prozentsätzen unter Rundung auf Tausend Euro verteilt:

Baden-Württemberg	12,395291 Prozent
Bayern	14,686293 Prozent
Berlin	3,723811 Prozent
Brandenburg	4,059626 Prozent
Bremen	0,828343 Prozent
Hamburg	2,220108 Prozent
Hessen	7,223746 Prozent
Mecklenburg-Vorpommern	2,617488 Prozent
Niedersachsen	9,247962 Prozent
Nordrhein-Westfalen	19,432473 Prozent
Rheinland-Pfalz	4,878640 Prozent
Saarland	1,285424 Prozent
Sachsen	6,565176 Prozent
Sachsen-Anhalt	3,835749 Prozent
Schleswig-Holstein	3,238746 Prozent
Thüringen	3,761124 Prozent

(4) Der Betrag nach § 3 Abs. 2 wird auf die Länder mit den folgenden Prozentsätzen unter Rundung auf Tausend Euro verteilt:

Baden-Württemberg	8,147033 Prozent
Bayern	11,832673 Prozent
Berlin	6,287847 Prozent
Brandenburg	5,842689 Prozent
Bremen	0,605545 Prozent
Hamburg	1,836274 Prozent
Hessen	5,849236 Prozent
Mecklenburg-Vorpommern	4,114432 Prozent
Niedersachsen	7,692056 Prozent
Nordrhein-Westfalen	18,732611 Prozent
Rheinland-Pfalz	3,610356 Prozent
Saarland	1,263461 Prozent
Sachsen	11,508625 Prozent
Sachsen-Anhalt	4,625053 Prozent
Schleswig-Holstein	2,435272 Prozent
Thüringen	5,616837 Prozent

§ 5 Zweckbindung

(1) Die Beträge nach § 4 Abs. 1 sind von den Ländern jeweils für die Finanzierung des Ausbaus und Neubaus von Hochschulen, einschließlich der Hochschulkliniken, einzusetzen.

(2) Die Beträge nach § 4 Abs. 2 sind von den Ländern jeweils für die Finanzierung von Aufgaben im Bereich der Bildungsplanung einzusetzen.

(3) Die Beträge nach § 4 Abs. 3 sind von den Ländern jeweils für Investitionen, die zur Verbesserung der Verkehrsverhältnisse in den Gemeinden erforderlich sind, einzusetzen.

(4) Die Beträge nach § 4 Abs. 4 sind von den Ländern jeweils für die Finanzierung von Maßnahmen der Wohnraumförderung einzusetzen.

(5) Die Länder werden dem Bund jährlich über die Verwendung der erhaltenen Beträge nach den §§ 2 und 3 bis Ende Juni des dem Berichtsjahr folgenden Jahres berichten. Wird festgestellt, dass Beträge im Berichtsjahr nicht zweckgerecht verwendet wurden, wird die Zuweisung an das jeweilige Land um den fehlverwendeten Betrag gekürzt und dieser Betrag entsprechend dem jeweiligen Aufteilungsschlüssel nach § 4 auf die anderen Länder verteilt.

§ 6 Revisionsklausel

(1) Bund und Länder prüfen gemeinsam bis Ende 2013, in welcher Höhe die Beträge nach den §§ 2 und 3 Abs. 1 Satz 1 und Abs. 2 für den Zeitraum vom 1. Januar 2014 bis zum 31. Dezember 2019 zur Aufgabenerfüllung der Länder noch angemessen und erforderlich sind.

(2) Für die ab dem 1. Januar 2014 weiterhin erforderlichen Beträge entfällt die gruppenspezifische Zweckbindung. Die neu festzulegenden Beträge unterliegen ab dem 1. Januar 2014 bis zum 31. Dezember 2019 einer investiven Zweckbindung.

§ 7 Verordnungsermächtigung

Die Bundesregierung wird ermächtigt, durch Rechtsverordnung mit Zustimmung des Bundesrates

1. das Verfahren für die Überweisung der in § 4 genannten Beträge der Länder,
2. die Berichtspflicht, die Feststellung einer Fehlverwendung und die daraus zu ziehenden Konsequenzen nach § 5 Abs. 5

näher zu regeln.

Art. 14 Gesetz zur innerstaatlichen Aufteilung von unverzinslichen Einlagen und Geldbußen gemäß Artikel 104 des Vertrags zur Gründung der Europäischen Gemeinschaft (Sanktionszahlungs-Aufteilungsgesetz – SZAG)

§ 1 Gegenstand

Dieses Gesetz regelt die innerstaatliche Aufteilung von unverzinslichen Einlagen sowie Geldbußen (Sanktionszahlungen) gemäß Artikel 104 des Vertrags zur Gründung der Europäischen Gemeinschaft in Verbindung mit der Verordnung (EG) Nr. 1467/97 des Rates vom 7. Juli 1997 über die Beschleunigung und Klärung des Verfahrens bei einem übermäßigen Defizit (ABl. EG Nr. L 209, S. 6), geändert durch die Verordnung (EG) Nr. 1056/2005 des Rates vom 27. Juni 2005 (ABl. EU Nr. L 174, S. 5). Bund und Länder tragen den jeweils auf sie entfallenden Anteil an Sanktionszahlungen. Die Zahlungspflicht der Länder gegenüber dem Bund entsteht mit der Bekanntgabe eines Beschlusses des Rates über Sanktionszahlungen gemäß Artikel 104 Abs. 11 des Vertrags zur Gründung der Europäischen Gemeinschaft an die Bundesrepublik Deutschland.

§ 2 Aufteilung

(1) Der Anteil des Bundes an Sanktionszahlungen beträgt 65 Prozent, der Anteil der Länder 35 Prozent. 35 Prozent des Länderanteils tragen die Länder entsprechend ihrer Einwohnerzahl. 65 Prozent des Länderanteils tragen die Länder nach dem Anteil des Finanzierungsdefizits des jeweiligen Landes an der Summe der Finanzierungsdefizite aller Länder (Verursachungsbeitrag); Länder, die einen ausgeglichenen oder positiven Finanzierungssaldo aufweisen, bleiben bei der Ermittlung der Summe der Finanzierungsdefizite unberücksichtigt und werden an dem Teil der Sanktionslasten, der sich nach dem Verursachungsbeitrag bemisst, nicht beteiligt.

(2) Der Finanzierungssaldo nach Absatz 1 setzt sich zusammen aus dem Finanzierungssaldo in haushaltsrechtlicher Abgrenzung abzüglich der Einnahmen aus der Veräußerung von Beteiligungen, aus der Kreditaufnahme beim öffentlichen Bereich sowie aus Darlehensrückflüssen von Dritten und zuzüglich der Ausgaben für den Erwerb von Beteiligungen, der Tilgungsausgaben an den öffentlichen Bereich sowie der Darlehensvergabe an Dritte (VGR-nahe Abgrenzung). Bei der Ermittlung der Finanzierungssalden der Länder sind die entsprechend zu ermittelnden Finanzierungssalden der Gemeinden, Gemeindeverbände und Zweckverbände einzubeziehen.

(3) Die nach den Absätzen 1 und 2 berechneten Zahlungsverpflichtungen eines Landes werden für die Dauer einer vom Bundesverfassungsgericht festgestellten extremen Haushaltsnotlage im Rahmen eines abgestimmten Sanierungskonzeptes vom Bund gestundet. Nach Abschluss des Sanierungsprozesses sind die Beträge, mit denen der Bund in Vorleistung getreten ist, durch das betroffene Land unverzüglich zu erstatten. Die gestundeten Beträge sind bis zu ihrer Rückzahlung nach dem Refinanzierungszins des Bundes zu verzinsen.

§ 3 Grundlagen

(1) Für die Berechnung des Länderanteils an Sanktionszahlungen gemäß § 2 Abs. 1 Satz 2 sind die Einwohnerzahlen maßgebend, die das Statistische Bundesamt zum 30. Juni des dem Beschluss des Rates gemäß § 1 Satz 3 vorausgehenden Kalenderjahres (Anlastungsjahr) festgestellt hat.

(2) Maßgeblich für die Höhe der Finanzierungssalden der Länder einschließlich der Gemeinden und Gemeindeverbände gemäß § 2 Abs. 1 Satz 3 ist, bei Geldbußen gemäß § 1 Satz 1 vorbehaltlich der endgültigen

Ergebnisse der amtlichen Rechnungsstatistik, das Ergebnis der amtlichen Vierteljahresstatistik des Statistischen Bundesamtes zu den öffentlichen Haushalten zum 31. Dezember des Anlastungsjahres.

§ 4 Rückerstattungen; Einlagen anderer Mitgliedstaaten

(1) Bund und Länder erhalten ihre gemäß § 2 geleisteten Anteile an der unverzinslichen Einlage zurück, sofern ein Beschluss gemäß Artikel 104 Abs. 6 des Vertrags zur Gründung der Europäischen Gemeinschaft aufgehoben worden ist.

(2) Zinsen auf Einlagen anderer Mitgliedstaaten und entsprechende Geldbußen, die der Bundesrepublik Deutschland zufließen, stehen dem Bund zu 65 Prozent, den Ländern zu 35 Prozent zu. Der Länderanteil wird entsprechend der Einwohnerzahl auf die einzelnen Länder aufgeteilt. Für die Berechnung der Anteile der einzelnen Länder sind die Einwohnerzahlen maßgebend, die das Statistische Bundesamt zum 30. Juni des dem Eingang dieser Gelder vorausgehenden Kalenderjahres festgestellt hat.

§ 5 Verordnungsermächtigung

Das Bundesministerium der Finanzen wird ermächtigt, durch Rechtsverordnung mit Zustimmung des Bundesrates die Höhe der Anteile gemäß § 2 Abs. 1 und § 4 festzustellen sowie die Zahlungsmodalitäten und sonstige Einzelheiten im Zusammenhang mit der Durchführung dieses Gesetzes zu bestimmen.

Art. 15 Gesetz zur Lastentragung im Bund-Länder-Verhältnis bei Verletzung von supranationalen oder völkerrechtlichen Verpflichtungen (Lastentragungsgesetz – LastG)

§ 1 Grundsätze der Lastentragung

(1) Verpflichtungen der Bundesrepublik Deutschland zu finanzwirksamen Leistungen wegen der Verletzung supranationaler oder völkerrechtlicher Verpflichtungen im Bereich der Gesetzgebung, der Verwaltung oder der Rechtsprechung werden im Verhältnis von Bund und Ländern von derjenigen staatlichen Ebene getragen, in deren innerstaatlichen Zuständigkeits- und Aufgabenbereich die lastenbegründende Pflichtverletzung erfolgt ist.

(2) Bei festgestellten Pflichtverletzungen im innerstaatlichen Zuständigkeits- und Aufgabenbereich sowohl des Bundes als auch der Länder, tra-

gen Bund und Länder die Lasten in dem Verhältnis des Umfangs, in dem ihre Pflichtverletzungen zur Entstehung der Leistungspflicht beigetragen haben, soweit dieses Gesetz nicht etwas anderes bestimmt.

§ 2 Länderübergreifende Finanzkorrekturen der Europäischen Gemeinschaften

(1) Eine Finanzkorrektur der Europäischen Gemeinschaften liegt vor, wenn die Europäische Kommission entscheidet, dass Ausgaben der Gemeinschaften von der gemeinschaftlichen Finanzierung auszuschließen sind, weil diese nicht in Übereinstimmung mit den Gemeinschaftsvorschriften durch den Mitgliedstaat getätigt worden sind (fehlerhafte Ausgaben).

(2) Liegt der Entscheidung über die Finanzkorrektur die Feststellung der Europäischen Kommission zugrunde, dass die in einem Land oder in mehreren Ländern festgestellte fehlerhafte Verausgabung von Gemeinschaftsmitteln gleichermaßen in den übrigen Ländern aufgetreten ist (länderübergreifende Finanzkorrektur), werden die Lasten wie folgt verteilt:

1. 15 Prozent des Korrekturbetrages werden vom Bund getragen;
2. 35 Prozent des Korrekturbetrages werden von der Ländergesamtheit getragen;
3. 50 Prozent des Korrekturbetrages werden im Verhältnis der Höhe der erhaltenen Mittel von den Ländern getragen, die im Verfahren zur Festsetzung der Finanzkorrektur gegenüber den Organen der Europäischen Gemeinschaften nicht den Nachweis der ordnungsgemäßen Verausgabung der Gemeinschaftsmittel erbringen konnten.

Der auf die Ländergesamtheit entfallende Anteil nach Satz 1 Nr. 2 wird auf die einzelnen Länder nach dem Königsteiner Schlüssel verteilt. Eine weitergehende Lastentragung des Bundes ist ausgeschlossen.

§ 3 Sanktionen auf Grund von Artikel 228 des Vertrags zur Gründung der Europäischen Gemeinschaft

Verurteilt der Gerichtshof der Europäischen Gemeinschaften die Bundesrepublik Deutschland zur Zahlung eines Pauschalbetrages oder Zwangsgeldes wegen gleichartiger Verstöße im Zuständigkeits- und Aufgabenbereich mehrerer Länder, so bemisst sich der Anteil der Lastentragung der betroffenen Länder nach deren Verhältnis zueinander im Königsteiner Schlüssel.

§ 4 Verletzungen von Verpflichtungen durch die Gerichte

(1) Erfolgt die Verurteilung wegen einer Verletzung von Verpflichtungen durch die Gerichte, ist für die Lastenzuordnung nach § 1 das Gericht der Instanz maßgeblich, das die beanstandete Entscheidung getroffen hat. Hat ein Gericht des Bundes die Entscheidung des Gerichts eines Landes bestätigt, tragen der Bund und das betroffene Land die Lasten je zur Hälfte.

(2) Bei Verurteilungen wegen überlanger Verfahrensdauer und Anhängigkeit sowohl bei Gerichten des Bundes als auch eines Landes werden die Lasten im Verhältnis der Anteile der beteiligten Gerichte an der Verfahrensdauer getragen.

§ 5 Erstattung durch die Länder

(1) Soweit der Bund die Leistungspflichten im Außenverhältnis zu der zwischenstaatlichen Einrichtung erfüllt oder die finanziellen Lasten aus anderen Gründen unmittelbar beim Bund eintreten, erstatten die Länder dem Bund die aufgewendeten Beträge im Verhältnis der jeweiligen Lastentragung.

(2) Der Erstattungsanspruch entsteht im Zeitpunkt der Erfüllung der Leistungspflicht durch den Bund. Soweit die Bundesregierung auf Verlangen eines Landes zur Einlegung eines Rechtsmittels verpflichtet ist, ist der Zeitpunkt der Einlegung maßgeblich.

(3) Für den Fall der Rückabwicklung des Vollzugs von Finanzkorrekturen durch die Kommission auf der Grundlage einer Entscheidung des Gerichtshofes der Europäischen Gemeinschaften fließen den Ländern die insoweit von der Kommission zurückerstatteten Mittel in dem Verhältnis zu, in dem die Länder diese Mittel aufgebracht oder erstattet haben.

Art. 16 Änderung des Maßstäbegesetzes

§ 5 Abs. 1 des Maßstäbegesetzes vom 9. September 2001 (BGBl. I S. 2302) wird wie folgt gefasst:

„(1) Aus dem Länderanteil am Aufkommen der Umsatzsteuer sollen in Höhe von bis zu einem Viertel Ergänzungsanteile den Ländern gewährt werden, deren Einnahmen je Einwohner aus den Landessteuern sowie aus der Einkommensteuer und der Körperschaftsteuer den Durchschnitt aller Länder unterschreiten; bei der Grunderwerbsteuer ist anstelle der Einnahmen die Steuerkraft anzusetzen. Zur Bestimmung der Steuerkraft der

Grunderwerbsteuer sind die Einnahmen um die durch länderunterschiedliche Steuersätze entstehenden Einnahmeunterschiede zu bereinigen."

Art. 17 Änderung des Finanzausgleichsgesetzes

Das Finanzausgleichsgesetz vom 20. Dezember 2001 (BGBl. I S. 3955, 3956), zuletzt geändert durch Artikel 3 des Gesetzes vom 29. Juni 2006 (BGBl. I. S. 1402) wird wie folgt geändert:

1. § 7 Abs. 1 wird wie folgt gefasst:

   „(1) Als Steuereinnahmen eines Landes gelten die ihm im Ausgleichsjahr zugeflossenen Einnahmen

   1. aus seinem Anteil an der Einkommensteuer und der Körperschaftsteuer;
   2. aus seinem Anteil an der Gewerbesteuerumlage nach § 6 des Gemeindefinanzreformgesetzes;
   3. aus der Vermögensteuer, der Erbschaftsteuer, der Kraftfahrzeugsteuer, der Biersteuer, der Rennwett- und Lotteriesteuer mit Ausnahme der Totalisatorsteuer, der Feuerschutzsteuer und der Spielbankabgabe mit Ausnahme der Sonderabgabe und der Troncabgabe.

   Als Steuereinnahme eines Landes gilt ebenfalls seine Steuerkraftzahl der Grunderwerbsteuer im Ausgleichsjahr. Als Steuerkraftzahlen werden für die einzelnen Länder die Beträge angesetzt, die sich ergeben, wenn die im Bundesgebiet insgesamt im Ausgleichsjahr aufgekommene Grunderwerbsteuer im Verhältnis der dem Aufkommen zu Grunde liegenden länderweisen Steuerbemessungsgrundlagen der Grunderwerbsteuer verteilt wird. Für Fälle der Pauschalbesteuerung nach § 12 des Grunderwerbsteuergesetzes ist zur Ermittlung der Steuerbemessungsgrundlage der Pauschalbetrag durch den Steuersatz zu dividieren, der zum Zeitpunkt des pauschaliert besteuerten Rechtsvorgangs gültig war. Als Steuereinnahmen eines Landes gelten ferner die nach § 2 für das Ausgleichsjahr festgestellten Anteile an der Umsatzsteuer."

2. In § 7 Abs. 3 Sätze 1 und 3 werden jeweils die Wörter „Absatz 1 Satz 1" durch die Wörter „Absatz 1 Sätze 1 bis 4" ersetzt.

Art. 18 Änderung der Abgabenordnung

Die Abgabenordnung in der Fassung der Bekanntmachung vom 1. Oktober 2002 (BGBl. I S. 3866, 2003 I S. 61), zuletzt geändert durch Artikel 6 des Gesetzes vom 22. August 2006 (BGBl. I S. 1970), wird wie folgt geändert:

1. § 89 wird wie folgt geändert:
   a) Der bisherige Wortlaut wird Absatz 1.
   b) Nach Absatz 1 wird folgender Absatz 2 angefügt:
      „(2) Die Finanzbehörden können auf Antrag verbindliche Auskünfte über die steuerliche Beurteilung von genau bestimmten, noch nicht verwirklichten Sachverhalten erteilen, wenn daran im Hinblick auf die erheblichen steuerlichen Auswirkungen ein besonderes Interesse besteht. Zuständig für die Erteilung einer verbindlichen Auskunft ist die Finanzbehörde, die bei Verwirklichung des dem Antrag zugrunde liegenden Sachverhalts örtlich zuständig sein würde. Bei Antragstellern, für die im Zeitpunkt der Antragstellung nach den §§ 18 bis 21 keine Finanzbehörde zuständig ist, ist auf dem Gebiet der Steuern, die von den Landesfinanzbehörden im Auftrag des Bundes verwaltet werden, abweichend von Satz 2 das Bundeszentralamt für Steuern zuständig; in diesem Fall bindet die verbindliche Auskunft auch die Finanzbehörde, die bei der Verwirklichung des der Auskunft zugrunde liegenden Sachverhalts zuständig ist. Das Bundesministerium der Finanzen wird ermächtigt, mit Zustimmung des Bundesrates durch Rechtsverordnung nähere Bestimmungen zu Form, Inhalt und Voraussetzungen des Antrages auf Erteilung einer verbindlichen Auskunft und zur Reichweite der Bindungswirkung zu treffen."
2. § 116 Abs. 1 wird wie folgt gefasst:
   „(1) Gerichte und die Behörden von Bund, Ländern und kommunalen Trägern der öffentlichen Verwaltung, die nicht Finanzbehörden sind, haben Tatsachen, die sie dienstlich erfahren und die auf eine Steuerstraftat schließen lassen, dem Bundeszentralamt für Steuern mitzuteilen. Das Bundeszentralamt für Steuern teilt diese Tatsachen den für das Strafverfahren zuständigen Behörden mit."

Art. 19 Änderung des Einkommensteuergesetzes

§ 3 des Einkommensteuergesetzes in der Fassung der Bekanntmachung vom 19. Oktober 2002 (BGBl. I S. 4210, 2003 I S. 179), das zuletzt durch Artikel 10a des Gesetzes vom 20. Juli 2006 (BGBl. I S. 1706) geändert worden ist, wird wie folgt geändert:

1. In Nummer 58 werden vor den Wörtern „dem Wohnraumförderungsgesetz" das Wort „oder" durch ein Komma ersetzt und nach den Wörtern „dem Wohnraumförderungsgesetz" die Wörter „oder einem Landesgesetz zur Wohnraumförderung" eingefügt.

2. Nummer 59 wird wie folgt gefasst:

„59. die Zusatzförderung nach § 88e des Zweiten Wohnungsbaugesetzes und nach § 51f des Wohnungsbaugesetzes für das Saarland und Geldleistungen, die ein Mieter zum Zwecke der Wohnkostenentlastung nach dem Wohnraumförderungsgesetz oder einem Landesgesetz zur Wohnraumförderung erhält, soweit die Einkünfte dem Mieter zuzurechnen sind, und die Vorteile aus einer mietweisen Wohnungsüberlassung im Zusammenhang mit einem Arbeitsverhältnis, soweit sie die Vorteile aus einer entsprechenden Förderung nach dem Zweiten Wohnungsbaugesetz, nach dem Wohnraumförderungsgesetz oder einem Landesgesetz zur Wohnraumförderung nicht überschreiten;"

Art. 20 Änderung des Fünften Buches Sozialgesetzbuch

Das Fünfte Buch Sozialgesetzbuch – Gesetzliche Krankenversicherung – (Artikel 1 des Gesetzes vom 20. Dezember 1988, BGBl. I S. 2477, 2482), zuletzt geändert durch Artikel 3a des Gesetzes vom 20. Juli 2006 (BGBl. I S. 1706), wird wie folgt geändert:

1. § 108 Nr. 1 wird wie folgt gefasst:

   „1. Krankenhäuser, die nach den landesrechtlichen Vorschriften als Hochschulklinik anerkannt sind,"

2. § 109 Abs. 1 Satz 2 wird wie folgt gefasst:

   „Bei den Hochschulkliniken gilt die Anerkennung nach den landesrechtlichen Vorschriften, bei den Plankrankenhäusern die Aufnahme in den Krankenhausbedarfsplan nach § 8 Abs. 1 Satz 2 des Krankenhausfinanzierungsgesetzes als Abschluss des Versorgungsvertrages."

Art. 21 Änderung des Krankenhausentgeltgesetzes

Das Krankenhausentgeltgesetz vom 23. April 2002 (BGBl. I S. 1412, 1422), zuletzt geändert durch Artikel 4 des Gesetzes vom 29. August 2005 (BGBl. I S. 2570), wird wie folgt geändert:

1. In § 3 Abs. 5 Satz 1, § 4 Abs. 8 Satz 1 sowie § 19 Abs. 4 werden die Wörter „nach dem Hochschulbauförderungsgesetz" durch die Wörter „nach den landesrechtlichen Vorschriften für den Hochschulbau" ersetzt.

2. § 8 Abs.1 Satz 4 Nr. 2 wird wie folgt gefasst:

„2. bei einer Hochschulklinik aus der Anerkennung nach den landesrechtlichen Vorschriften, dem Krankenhausplan nach § 6 Abs. 1 des Krankenhausfinanzierungsgesetzes sowie einer ergänzenden Vereinbarung nach § 109 Abs. 1 Satz 4 des Fünften Buches Sozialgesetzbuch,“.

Art. 22 Inkrafttreten, Außerkrafttreten

Die Artikel 4 bis 9, 11, 13, 20 und 21 treten am 1. Januar 2007 in Kraft. Im Übrigen tritt dieses Gesetz am Tag nach der Verkündung in Kraft. Artikel 13 tritt am 31. Dezember 2019 außer Kraft.

– Auszug –

Deutscher Bundestag
16. Wahlperiode

Drucksache 16/813
7. 3. 2006

Gesetzentwurf

der Fraktionen der CDU/CSU und SPD

Entwurf eines Gesetzes zur Änderung des Grundgesetzes (Artikel 22, 23, 33, 52, 72, 73, 74, 74a, 75, 84, 85, 87c, 91a, 91b, 93, 98, 104a, 104b, 105, 107, 109, 125a, 125b, 125c, 143c)

* * *

Begründung

A. Allgemeiner Teil

Die bundesstaatliche Ordnung in der Bundesrepublik Deutschland hat sich grundsätzlich bewährt, ist jedoch geprägt von langwierigen und komplizierten Entscheidungsprozessen und leidet an einer übermäßigen institutionellen Verflechtung von Bund und Ländern. Bei der Gesetzgebung des Bundes haben die ausgeprägten Zustimmungsbefugnisse der Länder über den Bundesrat bei unterschiedlichen politischen Mehrheitsverhältnissen in Bund und Ländern immer wieder zur Verzögerung oder sogar Verhinderung wichtiger Gesetzgebungsvorhaben oder zu in sich nicht stimmigen Kompromissen geführt, bei denen die jeweilige politische Verantwortlichkeit nicht oder kaum noch zu erkennen ist. Der Anteil der zustimmungspflichtigen Gesetze ist vor allem auch wegen Regelungen des Bundes über Organisation und Verfahren der Landesverwaltungen im Laufe der Zeit erheblich gestiegen.

Auf der anderen Seite wurden die Gesetzgebungsbefugnisse der Länder im Laufe der Zeit immer weiter zurückgedrängt. Teils sind neue Kompetenzen für den Bund im Wege der Verfassungsänderung begründet worden, vor allem aber hat der Bundesgesetzgeber bestehende konkurrierende Gesetzgebungszuständigkeiten nahezu vollständig ausgeschöpft und auch in der Rahmengesetzgebung vielfach in Einzelheiten gehende und unmittelbar geltende Regelungen getroffen.

Um diese Entwicklung aufzuhalten und in Teilen umzukehren, hat der verfassungsändernde Gesetzgeber 1994 die Voraussetzungen für die Inanspruchnahme der konkurrierenden und der Rahmengesetzgebung verschärft. Die mit der Neufassung des Artikels 72 Abs. 2 eingeführten und von der Rechtsprechung des Bundesverfassungsgerichts weiter konkretisierten Kriterien erweisen sich jedoch auch für solche Materien aus dem Zuständigkeitskatalog der Artikel 74 und 75 als hinderlich, bei denen das gesamtstaatliche Interesse an einer bundesgesetzlichen Regelung allgemein anerkannt ist. Andererseits sind die mit den Übergangsvorschriften zu dieser Verfassungsänderung eröffneten Möglichkeiten einer völligen oder teilweisen Öffnung von Bundesgesetzen für eine Ersetzung durch Landesrecht (Artikel 125a Abs. 2 und Artikel 72 Abs. 3 a.F.) nicht zur Anwendung gekommen, so dass eine Rückverlagerung von Zuständigkeiten auf die Länder unterblieben ist.

Fehlentwicklungen haben sich auch im Bereich der Mischfinanzierungstatbestände durch die Tendenz zu einer dauerhaften Verfestigung aufgabenbezogener Finanztransfers vom Bund an die Länder ergeben. Mischfinanzierungen verschränken Aufgaben- und Ausgabenzuständigkeiten und engen zugleich die Spielräume für eigenverantwortliche Aufgabenwahrnehmung beider staatlichen Ebenen ein. Gemeinschaftsaufgaben und Finanzhilfen müssen daher die Ausnahme bleiben.

Ausgehend von Beschlüssen der Ministerpräsidentenkonferenz vom Dezember 1998 und Oktober 2001 sowie einer Verständigung zwischen den Regierungschefs des Bundes und der Länder vom Dezember 2001 erfolgte eine erste kritische Überprüfung der bundesstaatlichen Aufgaben-, Ausgaben- und Einnahmenverteilung. Auf der Grundlage einer im Jahr 2002 von zwei Bund/Länder-Arbeitsgruppen formulierten Bestandsaufnahme und Problembeschreibung wurden zunächst auf Regierungsebene Verhandlungen zwischen Bund und Ländern zu einer Modernisierung der bundesstaatlichen Ordnung aufgenommen, bis im Oktober 2003 Bundestag und Bundesrat eine vom damaligen Vorsitzenden der SPD-Bundestagsfraktion, Franz Müntefering, MdB, und vom bayerischen Ministerpräsidenten, Dr. Edmund Stoiber, geleitete Kommission zur Modernisierung der bundesstaatlichen Ordnung eingesetzt haben. Die Kommission hatte den Auftrag, Vorschläge zu einer grundlegenden Reform des föderalen Staatsaufbaus zu erarbeiten und den gesetzgebenden Körperschaften vorzulegen. Durch eine Neuverteilung der Zuständigkeiten zwischen Bund und Ländern sollten die Handlungs- und Entscheidungsfähigkeit von Bund und Ländern verbessert, die politischen Verantwortlichkeiten deutlicher zugeordnet sowie die Zweckmäßigkeit und Effizienz der Aufgabenerfüllung gesteigert werden. Die Kommission erörterte das Für und Wider zahlreicher Vorschläge zur Erreichung dieser Ziele und gelangte auch in wesentlichen Einzelfragen zu übereinstimmenden Bewertungen (vgl. Deutscher Bundestag/Bundesrat, Hrsg., Dokumentation der Kommission von Bundestag und Bundesrat zur Modernisierung der bundesstaatlichen Ordnung, Zur Sache 1/2005). Sie vermochte sich jedoch bis zur abschließenden Sitzung am 17. Dezember 2004 nicht auf ein gemeinsames Reformkonzept zu einigen. Auf der Grundlage dieser Beratungen sowie der zunächst im Frühjahr 2005 und dann nach der Wahl zum 16. Deutschen Bundestag wieder aufgenommenen politischen Gespräche wurde im Koalitionsvertrag vom 18. November 2005 eine Einigung über die nunmehr umzusetzende Föderalismusreform erzielt.

Die nun vereinbarte Reform soll demokratie- und effizienzhinderliche Verflechtungen zwischen Bund und Ländern abbauen und wieder klarere Verantwortlichkeiten schaffen und so die föderalen Elemente der Solidarität und der Kooperation einerseits und des Wettbewerbs andererseits neu ausbalancieren. Insgesamt geht es um eine nachhaltige Stärkung der Handlungs- und Entscheidungsfähigkeit sowohl des Bundes als auch der Länder (einschließlich der Kommunen).

Die Bundeskanzlerin und die Regierungschefs der Länder haben in ihrem Beschluss vom 14. Dezember 2005 die Reformziele wie folgt beschrieben:

„– Stärkung der Gesetzgebung von Bund und Ländern durch eine deutlichere Zuordnung der Gesetzgebungskompetenzen und Abschaffung der Rahmengesetzgebung,
- Abbau gegenseitiger Blockaden durch Neubestimmung der Zustimmungsbedürftigkeit von Bundesgesetzen im Bundesrat,
- Abbau von Mischfinanzierungen und Neufassung der Möglichkeiten für Finanzhilfen des Bundes unter Bekräftigung der Zusagen aus dem Solidarpakt II für die neuen Länder,
- Stärkung der Europatauglichkeit des Grundgesetzes durch eine Neuregelung der Außenvertretung und Regelungen zu einem nationalen Stabilitätspakt sowie zur Verantwortlichkeit für die Einhaltung von supranationalem Recht.“

Ziel einer effektiven bundesstaatlichen Ordnung in der Bundesrepublik Deutschland muss es sein, die Ebenen des Bundes und der Länder, auch im Verhältnis zur Europäischen Union, deutlicher in ihren Zuständigkeiten und Finanzverantwortlichkeiten abzugrenzen. Dadurch werden zudem Entscheidungsabläufe und Verantwortlichkeiten für die Bürgerinnen und Bürger transparenter als bisher. Die Kommunen werden – in finanzieller

Hinsicht – dadurch geschützt, dass ihnen künftig nicht mehr durch Bundesgesetz Aufgaben unmittelbar zugewiesen werden dürfen.

Die in diesem Gesetzentwurf zur Modernisierung der bundesstaatlichen Ordnung vorgesehenen Verfassungsänderungen umfassen im Wesentlichen folgende Bereiche:

- Reform der Mitwirkungsrechte des Bundesrates durch Abbau der Zustimmungsrechte nach Artikel 84 Abs. 1 und Einführung neuer Fälle der Zustimmungsbedürftigkeit bei Bundesgesetzen mit erheblichen Kostenfolgen für die Länder (Artikel 104a Abs. 4 neu).

  Die Einrichtung von Behörden und das Verwaltungsverfahren bleiben bei der Ausführung der Bundesgesetze durch die Länder als eigene Angelegenheit wesentlicher Bestandteil der Organisationshoheit der Länder. Der Bundesgesetzgeber wird in diesem Bereich die Einrichtung von Behörden und das Verwaltungsverfahren aber ohne Zustimmung des Bundesrates regeln können, um den bisher für die Mehrheit der zustimmungsbedürftigen Gesetze verantwortlichen Tatbestand aufzulösen und dem Bund eine die materiellen Regelungen sinnvoll ergänzende Regelung des Verwaltungsverfahrens und der Behördenorganisation bei der Ausführung der Bundesgesetze in landeseigener Verwaltung zu ermöglichen. Die Länder erhalten demgegenüber das Recht, von organisations- und verfahrensmäßigen Vorgaben des Bundesgesetzgebers abweichende Regelungen zu treffen. Bundesgesetze können das Verwaltungsverfahren ohne Abweichungsmöglichkeit für die Länder nur noch in Ausnahmefällen wegen eines besonderen Bedürfnisses nach bundeseinheitlicher Regelung festlegen; derartige Gesetze erfordern die Zustimmung des Bundesrates.

  Um die Mitwirkungsmöglichkeiten der Länder bei der bundesgesetzlichen Auferlegung erheblicher finanzieller Verpflichtungen weiterhin zu gewährleisten, wird der bisher auf Geldleistungen begrenzte Zustimmungstatbestand erweitert: Einer Zustimmung des Bundesrates werden alle Gesetze bedürfen, die Pflichten der Länder zur Erbringung von Geldleistungen oder geldwerten Sachleistungen (einschließlich vergleichbarer Dienstleistungen) gegenüber Dritten begründen.

- Reform der Gesetzgebungskompetenzen durch Abschaffung der Rahmengesetzgebung und Neuordnung des Katalogs der konkurrierenden Gesetzgebung, verbunden mit einer Reduzierung des Anwendungsbereichs der Erforderlichkeitsklausel des Artikels 72 Abs. 2 und der Einführung einer Abweichungsgesetzgebung in bestimmten Gesetzgebungsbereichen.

Die Kategorie der Rahmengesetzgebung mit der Notwendigkeit von zwei nacheinander geschalteten Gesetzgebungsverfahren auf der Ebene des Bundes und in den Ländern hat sich insbesondere bei der Umsetzung europäischen Rechts als ineffektiv erwiesen und hat sich auch im Übrigen nicht bewährt.

Im Umweltrecht verhindert die bestehende Aufteilung in Materien der konkurrierenden Gesetzgebung und der Rahmengesetzgebung wegen der dort nur möglichen geringeren Regelungsdichte eine materienübergreifende Normsetzung, wie sie mit dem Vorhaben eines Umweltgesetzbuches und der Ablösung paralleler Genehmigungsverfahren durch eine einheitliche Vorhabengenehmigung angestrebt wird. Andere Gegenstände der Rahmengesetzgebung, wie die allgemeinen Rechtsverhältnisse der Presse, sind vom Bundesgesetzgeber bislang nicht kodifiziert worden, so dass auf diesem Gebiet kein Bedürfnis für einen Fortbestand der Kompetenzzuweisung gesehen wird.

Die Rahmengesetzgebung wird daher insgesamt abgeschafft und die bislang dieser Kompetenzart zugeordneten Materien werden sachgerecht zwischen Bund und Ländern aufgeteilt.

Die Länder werden in ihrer Organisations- und Personalhoheit gestärkt. Der bisher in der Rahmengesetzgebung enthaltene Kompetenztitel für die allgemeinen Rechtsverhältnisse der Landesbediensteten wird einschließlich des Laufbahnrechts auf die Länder übertragen. Der Bund erhält aber die konkurrierende Gesetzgebungsbefugnis zur Regelung der Statusrechte und -pflichten der Landesbeamten und -richter und zwar insbesondere, um die bundesweite Mobilität von Beamten und Richtern zu gewährleisten. Die hiernach zu erlassenden Gesetze bedürfen der Zustimmung des Bundesrates. Zudem werden die bisherigen Gesetzgebungskompetenzen des Bundes für die Besoldung und Versorgung der Landesbeamten und -richter gestrichen; damit wird die bis 1971 für die Länder bestehende Kompetenzlage wiederhergestellt. Die Personalausgaben binden im Durchschnitt mehr als 40 vom Hundert der Länderhaushalte. Die Länder haben jedoch bisher nur wenige Gestaltungsmöglichkeiten bei den Arbeits- und Gehaltsbedingungen ihrer Beschäftigten.

Diese Neuverteilung der Zuständigkeiten für die Landesbeamten und -richter wird flankiert von einer Ergänzung des Artikels 33 Abs. 5, nach der das Recht des öffentlichen Dienstes unter Berücksichtigung der hergebrachten Grundsätze des Berufbeamtentums nicht nur zu regeln, sondern ausdrücklich auch fortzuentwickeln ist.

Aus der Rahmengesetzgebung werden das Melde- und Ausweiswesen und der Schutz deutschen Kulturgutes gegen Abwanderung ins Ausland in die ausschließliche Gesetzgebung des Bundes übernommen. Die Regelung der allgemeinen Rechtsverhältnisse der Presse wird in die ausschließliche Kompetenz der Länder überführt.

Die anderen Sachgebiete der bisherigen Rahmengesetzgebung werden in den nicht an die Erforderlichkeitsklausel gebundenen Teil der konkurrierenden Gesetzgebung überführt (Artikel 74 Abs. 1 Nr. 27 bis 33 in Verbindung mit Artikel 72 Abs. 2). Das sind namentlich

- die umweltbezogenen Materien, insbesondere Naturschutz, Landschaftspflege und Wasserhaushalt,
- aus dem Dienstrecht im Hinblick auf die Personalhoheit der Länder lediglich die Statusrechte und -pflichten der Landesbeamten und Landesrichter,
- aus dem Hochschulwesen im Hinblick auf die Kulturhoheit der Länder lediglich Hochschulzulassung und Hochschulabschlüsse.

Für die Hochschulzulassung und die Hochschulabschlüsse sowie die umweltbezogenen Materien ist dieser Teil der konkurrierenden Gesetzgebung mit Abweichungsbefugnissen der Länder versehen (Artikel 72 Abs. 3).

Eine weitere Stärkung der Landesgesetzgeber erfolgt dadurch, dass Kompetenzen mit besonderem Regionalbezug und solche Materien, die eine bundesgesetzliche Regelung nicht zwingend erfordern, auf die Länder verlagert werden. Dies erfolgt einerseits durch eine gegenständliche Begrenzung fortbestehender Kompetenztitel im Bereich des Artikels 74 Abs. 1 Nr. 18, im Recht der Wirtschaft (Artikel 74 Abs. 1 Nr. 11) und bei der Lärmbekämpfung (Artikel 74 Abs. 1 Nr. 24), andererseits durch völlige Streichung von Kompetenztiteln aus dem Katalog der konkurrierenden Gesetzgebung.

Insgesamt sollen durch die Auflösung der Rahmengesetzgebung und die Neuordnung der konkurrierenden Gesetzgebung folgende Materien auf die Länder verlagert werden:

1. Strafvollzug (einschließlich Vollzug der Untersuchungshaft, bisher Teilbereich aus Artikel 74 Abs. 1 Nr. 1),
2. Notariat (einschl. Gebührenrecht, aber ohne Beurkundungsrecht, bisher Teilbereich aus Artikel 74 Abs. 1 Nr. 1),
3. Versammlungsrecht (bisher Teilbereich aus Artikel 74 Abs. 1 Nr. 3),
4. Heimrecht (bisher Teilbereich aus Artikel 74 Abs. 1 Nr. 7),
5. Ladenschlussrecht (bisher Teilbereich aus Artikel 74 Abs. 1 Nr. 11),

6. Gaststättenrecht (bisher Teilbereich aus Artikel 74 Abs. 1 Nr. 11),
7. Spielhallen/Schaustellung von Personen (bisher Teilbereich aus Artikel 74 Abs. 1 Nr. 11),
8. Messen, Ausstellungen und Märkte (bisher Teilbereich aus Artikel 74 Abs. 1 Nr. 11),
9. Teile des Wohnungswesens (bisher Teilbereich aus Artikel 74 Abs. 1 Nr. 18),
10. landwirtschaftlicher Grundstücksverkehr (bisher Teilbereich aus Artikel 74 Abs. 1 Nr. 18),
11. landwirtschaftliches Pachtwesen (bisher Teilbereich aus Artikel 74 Abs. 1 Nr. 18),
12. Flurbereinigung (bisher Teilbereich aus Artikel 74 Abs. 1 Nr. 18),
13. Siedlungs- und Heimstättenwesen (bisher Teilbereich aus Artikel 74 Abs. 1 Nr. 18),
14. Sport-, Freizeit- und sogenannter sozialer Lärm (Anlagen mit sozialer Zweckbestimmung, bisher Teilbereich aus Artikel 74 Abs. 1 Nr. 24),
15. die Besoldung und Versorgung sowie das Laufbahnrecht der Landesbeamten und -richter (bisher Artikel 74a und Teilbereich aus Artikel 75 Abs. 1 Satz 1 Nr. 1 und aus Artikel 98 Abs. 3 Satz 2),
16. der Großteil des Hochschulrechts mit Ausnahme der Hochschulzulassung und Hochschulabschlüsse (bisher Artikel 75 Abs. 1 Satz 1 Nr. 1a),
17. die allgemeinen Rechtsverhältnisse der Presse (bisher Artikel 75 Abs. 1 Satz 1 Nr. 2).

In die ausschließliche Gesetzgebung des Bundes werden folgende Materien verlagert:

1. Waffen- und Sprengstoffrecht (bisher Artikel 74 Abs. 1 Nr. 4a),
2. Versorgung der Kriegsbeschädigten und Kriegshinterbliebenen und Fürsorge für die ehemaligen Kriegsgefangenen (bisher Artikel 74 Abs. 1 Nr. 10),
3. Erzeugung und Nutzung der Kernenergie zu friedlichen Zwecken, Errichtung und Betrieb von Anlagen, die diesen Zwecken dienen, der Schutz gegen Gefahren, die bei Freiwerden von Kernenergie oder durch ionisierende Strahlen entstehen, und die Beseitigung radioaktiver Stoffe (bisher Artikel 74 Abs. 1 Nr. 11a),
4. Melde- und Ausweiswesen (bisher Artikel 75 Abs. 1 Satz 1 Nr. 5),
5. Schutz deutschen Kulturgutes gegen Abwanderung in das Ausland (bisher Artikel 75 Abs. 1 Satz 1 Nr. 6).

Außerdem wird eine neue ausschließliche Bundeskompetenz zur Regelung präventiver Befugnisse des Bundeskriminalamts bei der Abwehr von Gefahren des internationalen Terrorismus geschaffen; derartige Bundesgesetze bedürfen der Zustimmung des Bundesrates.

Die Erforderlichkeitsklausel in Artikel 72 Abs. 2 wird in ihrem Anwendungsbereich auf folgende Materien des neu gefassten Artikels 74 Abs. 1 beschränkt: Nr. 4, 7, 11, 13, 15, 19a, 20, 22, 24 (ohne das Recht der Luftreinhaltung und Lärmbekämpfung), 25 und 26. Die übrigen Materien des Artikels 74 Abs. 1 werden insgesamt von der Erforderlichkeitsprüfung ausgenommen, weil Bund und Länder übereinstimmend von der Erforderlichkeit bundesgesetzlicher Regelungen ausgehen. In den Fällen des Artikels 72 Abs. 3 ist dies bereits eine Konsequenz aus dem neuen Abweichungsrecht der Länder.

In den Kompetenztiteln zum Gesundheitswesen (Artikel 74 Abs. 1 Nr. 19), zum Lebensmittelrecht (Artikel 74 Abs. 1 Nr. 20), zum Straßenwesen (Artikel 74 Abs. 1 Nr. 22), zum Umweltrecht (Artikel 74 Abs. 1 Nr. 24) und zur künstlichen Erzeugung menschlichen Lebens (Artikel 74 Abs. 1 Nr. 26) erfolgen tatbestandliche Präzisierungen zur Vermeidung von Regelungslücken.

- Klarere Zuordnung der Finanzverantwortung

  Die Änderungen im Bereich der Finanzverfassung orientieren sich ebenfalls an den Zielen der Entflechtung, Verantwortungsklarheit und Handlungsautonomie. Vor diesem Hintergrund werden

  - Mischfinanzierungstatbestände abgebaut (Artikel 91a Abs. 1 Nr. 1),
  - die Voraussetzungen für Finanzhilfen verschärft (Artikel 104b),
  - die regionale Steuerautonomie gestärkt (Artikel 105 Abs. 2a),
  - ein nationaler Stabilitätspakt im Grundgesetz verankert (Artikel 109 Abs. 5),
  - die Lastentragung von Bund und Ländern bei der Verletzung von supranationalen und völkerrechtlichen Verpflichtungen im Grundgesetz ausdrücklich geregelt (Artikel 104a Abs. 6).

Im Hinblick auf die erheblichen strukturellen Unterschiede der Länder kommt eine vollständige Abschaffung der Mischfinanzierungen (Gemeinschaftsaufgaben und Finanzhilfen) derzeit nicht in Betracht. Die vorgesehene Abschaffung bzw. Modifizierung bestimmter Mischfinanzierungen bzw. Mischfinanzierungstatbestände trägt der veränderten Bedarfslage Rechnung und führt zur Entflechtung der Aufgabenverantwortung. Eine Übergangsvorschrift (Artikel 143c) regelt die

Kompensation der bei den Ländern ausfallenden investiven Bundesmittel ab dem 1. Januar 2007 bis zum 31. Dezember 2019.

Wegen der unterschiedlichen wirtschafts- und strukturpolitischen Gegebenheiten und Entwicklungen in den verschiedenen Teilen des Bundesgebietes werden die Gemeinschaftsaufgaben zur Verbesserung der regionalen Wirtschaftsstruktur sowie der Agrarstruktur und des Küstenschutzes beibehalten. Diese Gemeinschaftsaufgaben haben zudem eine wichtige Koordinierungsfunktion im Kontext der Beihilfen- und Strukturpolitik der Europäischen Union. Die zum Teil neustrukturierte Möglichkeit der Zusammenarbeit von Bund und Ländern bleibt bei der Forschungsförderung und im Bildungsbereich bei der Bildungsevaluation erhalten.

B. Besonderer Teil

Zu Artikel 1

Zu Nummer 1 (Artikel 22)

Zu Buchstabe a (Artikel 22 Abs. 1)

Der neue Absatz 1 des Artikels 22 greift in seinem Satz 1 die Regelung in Artikel 2 Abs. 1 Satz 1 des Einigungsvertrages auf. Die Hauptstadtfunktion Berlins wird nunmehr auch verfassungsrechtlich festgeschrieben. In Satz 2 wird die bisher ungeschriebene Bundeszuständigkeit für die Repräsentation des Gesamtstaates in der Hauptstadt ausdrücklich erwähnt und als Aufgabe des Bundes normiert. Satz 3 überlässt die Regelung des Näheren dem Bundesgesetzgeber, der die Materie in einem oder mehreren Bundesgesetzen regeln kann. Die Möglichkeit ergänzender Vereinbarungen bleibt unberührt.

In der Koalitionsvereinbarung vom 18. November 2005 heißt es dazu in der Anlage 2, Rn. 41:

> „Das Berlin-Bonn-Gesetz, die bis 2010 laufende Kulturförderung des Bundes für die Bundesstadt Bonn sowie der vom Bund in Bonn getragenen oder geförderten Kultureinrichtungen (Kunst- und Ausstellungshalle der Bundesrepublik Deutschland, Haus der Geschichte der Bundesrepublik Deutschland sowie Beethoven-Haus) bleiben unberührt."

Zu Buchstabe b (Artikel 22 Abs. 2)

Folgeänderung.

Zu Nummer 2 (Artikel 23 Abs. 6)

Nach dem neu gefassten Artikel 23 Abs. 6 Satz 1 besteht künftig die Verpflichtung, die Wahrnehmung der Rechte, die der Bundesrepublik Deutschland als Mitgliedstaat der Europäischen Union zustehen, vom Bund auf einen vom Bundesrat benannten Vertreter der Länder zu übertragen, wenn im Schwerpunkt ausschließliche Gesetzgebungsbefugnisse der Länder auf den Gebieten der schulischen Bildung, der Kultur oder des Rundfunks betroffen sind. Die Neuregelung tritt an die Stelle der bisherigen Soll-Vorschrift. Auf allen anderen Gebieten nimmt die Bundesregierung die Rechte wahr, die der Bundesrepublik Deutschland als Mitgliedstaat der Europäischen Union zustehen. Artikel 23 Abs. 6 Satz 2 bleibt unverändert, d.h. die Wahrnehmung der Rechte erfolgt unter Beteiligung und in Abstimmung mit der Bundesregierung.

In der Koalitionsvereinbarung vom 18. November 2005 heißt es dazu in der Anlage 2, Rn. 28:

> „Im EUZLBG und in der Bund-Länder-Vereinbarung wird die Information und Beteiligung der Länder bei den Vorhaben, die nicht im Schwerpunkt ausschließliche Gesetzgebungsbefugnisse der Länder auf den Gebieten der schulischen Bildung, der Kultur oder des Rundfunks, jedoch ausschließliche Gesetzgebungsbefugnisse der Länder betreffen (z.B. Innere Sicherheit) geregelt."

Zu Nummer 3 (Artikel 33 Abs. 5)

Mit der Ergänzung des Artikels 33 Abs. 5 um die Wörter „und fortzuentwickeln" wird die Notwendigkeit einer Modernisierung und Anpassung des öffentlichen Dienstrechts an sich ändernde Rahmenbedingungen hervorgehoben. Sie soll Gesetzgebung und Rechtsprechung die Weiterentwicklung des öffentlichen Dienstrechts erleichtern. Die hergebrachten Grundsätze des Berufsbeamtentums sind auch weiterhin zu berücksichtigen. Unberührt bleibt die verfassungsrechtliche Garantie des Berufsbeamtentums.

Zu Nummer 4 (Artikel 52 Abs. 3a)

Die Änderung des Artikels 52 Abs. 3a ermöglicht es der Europakammer, künftig auch im schriftlichen Umfrageverfahren Beschlüsse zu fassen.

Dazu wird der bisherige Verweis auf Artikel 51 Abs. 3 Satz 2, dem zufolge die Stimmen nur durch anwesende Mitglieder oder deren Vertreter abzugeben sind, gestrichen. Die in dem bislang in Bezug genommenen Artikel 51 Abs. 3 Satz 2 außerdem enthaltene Vorgabe, dass Stimmen nur einheitlich abgegeben werden können, wurde in den Artikel 52 Abs. 3a übernommen und bleibt damit in der Sache unverändert. Zur Bestimmung des Stimmgewichts wird nach wie vor auf den Artikel 51 Abs. 2 verwiesen; die Bezugnahme wird nur redaktionell angepasst.

Zu Nummer 5 (Artikel 72)

Zu Buchstabe a (Artikel 72 Abs. 2)

Die Regelung in Artikel 72 Abs. 2 bleibt in ihren inhaltlichen Voraussetzungen unverändert, wird aber in ihrem Anwendungsbereich auf folgende Materien des Artikels 74 Abs. 1 beschränkt: Nr. 4, 7, 11, 13, 15, 19a, 20, 22, 24 (ohne das Recht der Luftreinhaltung und Lärmbekämpfung), 25 und 26. Damit werden die übrigen Materien des Artikels 74 Abs. 1, bei denen es nach übereinstimmender Auffassung von Bund und Ländern einer Prüfung der Erforderlichkeit bundesgesetzlicher Regelung nicht mehr bedarf, von Artikel 72 Abs. 2 ausgenommen.

Zu Buchstabe b (Artikel 72 Abs. 3)

Der neue Absatz 3 eröffnet durch Satz 1 den Ländern die Möglichkeit, bei bestimmten Materien, die im Zuge der Abschaffung der bisherigen Rahmengesetzgebungsbefugnis des Bundes (siehe Nummer 8) in die konkurrierende Gesetzgebung überführt werden, von den Bundesgesetzen abweichende Regelungen zu treffen.

Der Bund erhält durch Überführung der umweltbezogenen Materien des Artikels 75 sowie des Rechts der Hochschulzulassung und Hochschulabschlüsse (Teilbereich der bisherigen Rahmenkompetenz für die allgemeinen Grundsätze des Hochschulwesens) in die konkurrierende Gesetzgebung (ohne Erforderlichkeitsprüfung im Sinne des Artikels 72 Abs. 2) die Möglichkeit einer Vollregelung dieser Materien, für die er bislang nur Rahmenvorschriften für die Gesetzgebung der Länder erlassen konnte. Insbesondere wird dem Bund insoweit die einheitliche Umsetzung von EU-Recht ermöglicht.

Die Länder gewinnen die Möglichkeit, in den genannten Bereichen abweichend von der Regelung des Bundes eigene Konzeptionen zu verwirklichen und auf ihre unterschiedlichen strukturellen Voraussetzungen und

Bedingungen zu reagieren. Ob von dieser Möglichkeit Gebrauch gemacht wird oder ob die bundesgesetzliche Regelung ohne Abweichung gelten soll, unterliegt der verantwortlichen politischen Entscheidung des jeweiligen Landesgesetzgebers.

Die Länder sind bei ihrer Abweichungsgesetzgebung an verfassungs-, völker- und europarechtliche Vorgaben in gleicher Weise gebunden wie der Bund.

Auch bei den Materien, die in Artikel 72 Abs. 3 Satz 1 für abweichende Regelungen der Länder geöffneten werden, bleibt für bestimmte Teile eine Abweichung der Länder ausgeschlossen (abweichungsfeste Kerne).

So können die Länder abweichende Regelungen über den Naturschutz nach Satz 1 Nr. 2 nicht treffen, soweit die Grundsätze des Naturschutzes, das Recht des Artenschutzes oder das Recht des Meeresnaturschutzes berührt sind.

In der Koalitionsvereinbarung vom 18. November 2005 heißt es dazu in der Anlage 2, Rn. 42:

> „Die Kompetenz für die Grundsätze des Naturschutzes gibt dem Bund die Möglichkeit, in allgemeiner Form bundesweite verbindliche Grundsätze für den Schutz der Natur, insbesondere die Erhaltung der biologischen Vielfalt und zur Sicherung der Funktionsfähigkeit des Naturhaushaltes festzulegen. Nicht davon erfasst sind beispielsweise die Landschaftsplanung, die konkreten Voraussetzungen und Inhalte für die Ausweisung von Schutzgebieten, die gute fachliche Praxis für die Land- und Forstwirtschaft und die Mitwirkung der Naturschutzverbände."

Jagd und Naturschutz sind getrennte Rechtskreise. Das Recht des Artenschutzes umfasst nicht den jagdrechtlichen Artenschutz.

Die Ausnahme hinsichtlich des Rechts des Meeresnaturschutzes ermöglicht dem Bund, verbindliche Regelungen zum maritimen Biodiversitätsschutz zu erlassen. Mit umfasst ist der maritime Arten- und Gebietschutz sowie die naturschutzfachliche Bewertung bei der Realisierung von Vorhaben im maritimen Bereich.

Das Abweichungsrecht der Länder erstreckt sich außerdem nach Satz 1 Nr. 5 nicht auf „stoff- oder anlagenbezogene Regelungen" des Wasserhaushalts. Stoffliche Belastungen oder von Anlagen ausgehende Gefährdungen der Gewässer sind Kernbereiche des Gewässerschutzes, die durch bundesweit einheitliche rechtliche Instrumentarien zu regeln sind. Auf Stoffe oder Anlagen „bezogen" sind alle Regelungen, deren Gegenstand stoffliche oder von Anlagen ausgehende Einwirkungen auf den Wasserhaushalt betreffen, z.B. das Einbringen und Einleiten von Stoffen. In diesen Bereichen sind auch europarechtlich einheitliche Regelungen normiert.

Nach Satz 2 des neuen Absatzes 3 treten Bundesgesetze auf den in Artikel 72 Abs. 3 Nr. 1 bis 6 genannten Gebieten frühestens 6 Monate nach ihrer Verkündung in Kraft, um den Ländern Gelegenheit zu geben, durch gesetzgeberische Entscheidungen festzulegen, ob und in welchem Umfang sie von Bundesrecht abweichendes Landesrecht beibehalten oder erlassen wollen. Durch die 6-Monats-Frist sollen kurzfristig wechselnde Rechtsbefehle an den Bürger vermieden werden. Für Eilfälle (z.B. wegen europarechtlicher Umsetzungsfristen) besteht die Möglichkeit eines früheren Inkrafttretens, wenn eine 2/3-Mehrheit im Bundesrat dem zustimmt.

Mit Satz 3 wird das Verhältnis von Bundes- und Landesrecht im Bereich des neuen Absatzes 3 klargestellt: Ein vom Bundesrecht abweichendes Landesgesetz setzt das Bundesrecht für das Gebiet des betreffenden Landes nicht außer Kraft, sondern hat (lediglich) Anwendungsvorrang („geht vor"). Das bedeutet, dass z.B. bei Aufhebung des abweichenden Landesrechts automatisch wieder das Bundesrecht gilt. Novelliert der Bund sein Recht, zum Beispiel um neue Vorgaben des EU-Rechts bundesweit umzusetzen, geht das neue Bundesrecht – als das spätere Gesetz – dem Landesrecht vor. Hebt der Bund sein Gesetz auf, gilt wieder das bisherige Landesrecht. Die Länder ihrerseits können auch von novelliertem Bundesrecht erneut abweichen (im Beispielsfall aber nur unter Beachtung des auch für die Länder verbindlichen EU-Rechts). Das Landesrecht geht dann wiederum dem Bundesrecht vor.

Satz 3 ist zum einen Ausnahme vom Grundsatz des Artikels 31 (Bundesrecht bricht Landesrecht) und passt zum anderen den Grundsatz „lex posterior derogat legi priori" dem hier gewollten Anwendungsvorrang im Verhältnis zwischen Bundes- und Landesrecht an.

Übergangsfragen zum neuen Artikel 72 Abs. 3 werden in Artikel 125b Abs. 1 geregelt.

Zu Buchstabe c (Artikel 72 Abs. 4)

Folgeänderung. Auf die Änderung von Artikel 93 wird hingewiesen.

Zu Nummer 6 (Artikel 73)

Zu Buchstabe a (Artikel 73 Abs. 1)

Zu Doppelbuchstabe aa (Artikel 73 Abs. 1 Nr. 3)

Die bisherige Rahmengesetzgebungskompetenz für das Melde- und Ausweiswesen steht in Zusammenhang mit anderen Gegenständen der Nummer 3 (Freizügigkeit und Passwesen) und wird deshalb im Wege der Ergänzung dieser Nummer in die ausschließliche Bundeskompetenz überführt.

Zu Doppelbuchstabe bb (Artikel 73 Abs. 1 Nr. 5a)

Die bisherige Rahmenkompetenz des Bundes für den Schutz deutschen Kulturgutes gegen Abwanderung ins Ausland wird in die ausschließliche Bundeskompetenz überführt.

Zu Doppelbuchstabe cc (Artikel 73 Abs. 1 Nr. 9a)

Die neue Bundeskompetenz zur Regelung präventiver Befugnisse des Bundeskriminalpolizeiamts (BKA) trägt der besonderen Bedrohungslage im Bereich des internationalen Terrorismus Rechnung. Beispielsweise kommen zahlreiche Hinweise zum internationalen Terrorismus aus dem Ausland, ohne dass in allen Fällen bereits eine örtliche Zuständigkeit einer deutschen Polizeibehörde erkennbar sein muss, gleichwohl aber weitere Sachaufklärung veranlasst sein kann.

Der Begriff des internationalen Terrorismus ist durch das internationalen und nationalen Normen zugrunde liegende Verständnis vorgeprägt, aber zugleich für künftige Entwicklungen offen. Der Begriff des Terrorismus wird insbesondere auch in den Regelungen des EU-Vertrages (Artikel 29 Abs. 2 und Artikel 31 Abs. 1 Buchstabe e verwendet und im EU-Rahmenbeschluss vom 13. Juni 2002 (ABl. EU Nr. L 164 S. 3) näher ausgefüllt. Die dortige Definition greift das nationale Recht durch die terrorismusqualifizierenden Merkmale des § 129a Abs. 2 StGB auf.

Die Beschränkung auf den internationalen Terrorismus nimmt auf Deutschland begrenzte terroristische Phänomene aus.

Eine länderübergreifende Gefahr liegt regelmäßig dann vor, wenn sie nicht nur ein Land betrifft.

Eine Zuständigkeit einer Landespolizeibehörde ist dann nicht erkennbar, wenn die Betroffenheit eines bestimmten Landes durch sachliche Anhaltspunkte im Hinblick auf mögliche Straftaten noch nicht bestimmbar ist.

Bei der neuen Gesetzgebungskompetenz handelt es sich um eine ausschließliche Bundeskompetenz. Sie bezieht sich jedoch nur auf die von der neuen Nr. 9a vorausgesetzte mögliche Aufgabenwahrnehmung durch das BKA, wie sich aus dem Zusatz „durch das Bundeskriminalpolizeiamt“ ergibt. Sie lässt damit die Gesetzgebungskompetenzen der Länder zur Gefahrenabwehr unberührt; auch berührt ihre Inanspruchnahme die Zuständigkeiten von Landesbehörden auf dem Gebiet der Gefahrenabwehr nicht.

Die Einzelheiten des Zusammenwirkens zwischen dem BKA und den Landespolizeibehörden sind einfach-gesetzlich zu regeln.

Zu Doppelbuchstabe dd (Artikel 73 Abs. 1 Nr. 12 bis 14)

In Gestalt der neuen Nummern 12 bis 14 werden die bisherigen konkurrierenden Gesetzgebungskompetenzen für das Waffen- und Sprengstoffrecht, für die Versorgung der Kriegsbeschädigten und Kriegshinterbliebenen und die Fürsorge für die ehemaligen Kriegsgefangenen und für das Kernenergierecht in die ausschließliche Bundeskompetenz verlagert.

Zu Buchstabe b (Artikel 73 Abs. 2)

Die Regelung unterwirft Gesetze auf Grund der neuen Bundeskompetenz nach Artikel 73 Abs. 1 Nr. 9a der Zustimmung des Bundesrates.

Zu Nummer 7 (Artikel 74)

Zu Buchstabe a (Artikel 74 Abs. 1)

Zu Doppelbuchstabe aa (Artikel 74 Abs. 1 Nr. 1)

Die Kompetenzen für das Strafvollzugsrecht und den Untersuchungshaftvollzug sowie zur Regelung des Notariats einschließlich des Gebührenrechts der Notare werden den Ländern übertragen. Das bislang partiell auf die Regelungskompetenz für das Notariat gestützte Beurkundungsrecht soll in der konkurrierenden Gesetzgebung verbleiben. Es wird deshalb künftig in der Nummer 1 ausdrücklich erwähnt.

Zu Doppelbuchstabe bb (Artikel 74 Abs. 1 Nr. 3)

Die Kompetenz für das Versammlungsrecht wird aus dem Katalog der konkurrierenden Gesetzgebung gestrichen und fällt künftig in die ausschließliche Gesetzgebungskompetenz der Länder. Unberührt von der Kompetenzübertragung bleibt das auf einer Kompetenz kraft Natur der Sache beruhende Gesetz über befriedete Bezirke für Verfassungsorgane des Bundes.

Zu Doppelbuchstabe cc (Artikel 74 Abs. 1 Nr. 4a)

Folgeänderung zur Verlagerung der Kompetenz für das Waffen- und Sprengstoffrecht in die ausschließliche Bundeskompetenz.

Zu Doppelbuchstabe dd (Artikel 74 Abs. 1 Nr. 7)

Die Kompetenz für das Heimrecht wird aus dem Katalog der konkurrierenden Gesetzgebung gestrichen und fällt künftig in die ausschließliche Gesetzgebungskompetenz der Länder.

Zu Doppelbuchstabe ee (Artikel 74 Abs. 1 Nr. 10)

Folgeänderung zur Verlagerung der Kompetenz für die Versorgung der Kriegsbeschädigten und Kriegshinterbliebenen und die Fürsorge für die ehemaligen Kriegsgefangenen in die ausschließliche Bundeskompetenz.

Zu Doppelbuchstabe ff

Redaktionelle Folgeänderung (Aufrücken der bisherigen Nummer 10a).

Zu Doppelbuchstabe gg (Artikel 74 Abs. 1 Nr. 11)

Aus der konkurrierenden Gesetzgebungsbefugnis für das Recht der Wirtschaft wird das Recht des Ladenschlusses, der Gaststätten, der Spielhallen, der Schaustellung von Personen, der Messen, der Ausstellungen und der Märkte ausgenommen; es unterfällt damit künftig der ausschließlichen Gesetzgebungsbefugnis der Länder.

Zu Doppelbuchstabe hh (Artikel 74 Abs. 1 Nr. 11a)

Folgeänderung zur Verlagerung der Kompetenz für das Kernenergierecht in die ausschließliche Bundeskompetenz.

Zu Doppelbuchstabe ii (Artikel 74 Abs. 1 Nr. 17)

Die Kompetenz für das Recht der Flurbereinigung wird aus dem Katalog der konkurrierenden Gesetzgebung gestrichen und fällt damit künftig in die ausschließliche Gesetzgebungskompetenz der Länder.

Zu Doppelbuchstabe jj (Artikel 74 Abs. 1 Nr. 18 und 19)

Mit der Neufassung von Artikel 74 Abs. 1 Nr. 18 wird die konkurrierende Gesetzgebungskompetenz für das Grundstücksverkehrsrecht auf das städtebauliche Grundstücksverkehrsrecht beschränkt; damit fällt die Regelung des landwirtschaftlichen Grundstücksverkehrs künftig in die ausschließliche Gesetzgebungskompetenz der Länder. Darüber hinaus erhalten die Länder die Kompetenzen für das landwirtschaftliche Pachtwesen und das Siedlungs- und Heimstättenwesen. Die bisherige konkurrierende Gesetzgebungskompetenz für das Wohnungswesen wurde erheblich eingeschränkt. Es bleibt nur die Kompetenz zur Regelung des Wohngeldrechts, des Altschuldenhilferechts, des Wohnungsbauprämienrechts, des Bergarbeiterwohnungsbaurechts und des Bergmannssiedlungsrechts erhalten. Die übrigen Bereiche des Wohnungswesens, d.h. das Recht der sozialen Wohnraumförderung, der Abbau von Fehlsubventionierung im Wohnungswesen, das Wohnungsbindungsrecht, das Zweckentfremdungsrecht im Wohnungswesen sowie das Wohnungsgenossenschaftsvermögensrecht fallen damit in die ausschließliche Gesetzgebungskompetenz der Länder.

Die Neufassung von Artikel 74 Abs. 1 Nr. 19 erweitert den bisherigen Kompetenztitel. Bisher umfasste er lediglich die Kompetenz für den Verkehr mit Arzneien, Heil- und Betäubungsmitteln und Giften. Nach der Neuregelung wird das Recht dieser Gegenstände insgesamt erfasst. Bisher konnte nach Artikel 74 Abs. 1 Nr. 19 nicht die Herstellung solcher Arzneimittel geregelt werden, die von Ärzten, Zahnärzten und Heilpraktikern zur unmittelbaren Anwendung bei eigenen Patienten hergestellt werden (vgl. BVerfGE 102, 26 LS 1). Eine Gesetzgebungsbefugnis des Bundes auch für solche Arzneimittel ist sachgerecht, um im Interesse der Patienten ein bundesweit einheitliches Sicherheits- und Schutzniveau zu gewährleisten.

Die ausdrückliche Erwähnung des Rechts des Apothekenwesens stellt klar, dass eine umfassende, nicht auf die Zulassung oder heilende Aspekte beschränkte Regelung dieses Rechtsgebiets möglich ist.

Zu Doppelbuchstabe kk (Artikel 74 Abs. 1 Nr. 20)

Die Kompetenz nach Artikel 74 Abs. 1 Nr. 20 erfasste bisher nur den Schutz beim „Verkehr“ mit Lebens- und Genussmitteln, womit etwa Hausschlachtungen nicht erfasst waren. Künftig erstreckt sie sich auf das gesamte Recht der Lebens- und Genussmittel. Zudem erfasst sie das Recht „der ihrer Gewinnung dienenden Tiere“ und damit etwa die Regelung der amtlichen Untersuchung von Tieren auch in zeitlichem Abstand vor der Schlachtung, also vor der eigentlichen Lebensmittelgewinnung.

Zu Doppelbuchstabe ll (Artikel 74 Abs. 1 Nr. 22)

Artikel 74 Abs. 1 Nr. 22 wird dahingehend präzisiert, dass öffentlich-rechtliche Gebühren oder privatrechtliche Entgelte für die Benutzung öffentlicher Straßen mit Fahrzeugen erhoben und verteilt werden können. Die Anlastung von Wegekosten als Alternative zur Steuerfinanzierung von Straßenverkehrsinfrastruktur kann nicht nur durch Gebühren, sondern auch durch Entgelte erreicht werden. Ebenso wie die öffentlich-rechtliche Gebühr stellt auch das privatrechtliche Entgelt für die Nutzung einer öffentlichen Straße eine Geldleistung dar, die als Gegenleistung für die Inanspruchnahme der öffentlichen Straße erbracht werden kann.

Zu Doppelbuchstabe mm (Artikel 74 Abs. 1 Nr. 24)

In Artikel 74 Abs. 1 Nr. 24 wird der bisherige Begriff „Abfallbeseitigung" durch den Begriff „Abfallwirtschaft" ersetzt. Damit wird klargestellt, dass sich in diesem Sachbereich die konkurrierende Gesetzgebungskompetenz auf alle Phasen der Abfallentsorgung bezieht sowie auch auf alle damit im Zusammenhang stehenden Tätigkeiten und Maßnahmen, insbesondere die Einsammlung, Lagerung, Behandlung und Beförderung von Abfällen. Mit dieser Änderung wird die insoweit einschlägige Rechtsprechung des Bundesverfassungsgerichtes (BVerfGE 98, 106, 120) sowie des Bundesverwaltungsgerichtes (BVerwG, DVBl. 1991, 400) aufgegriffen. Danach ist „Abfallbeseitigung" bereits im geltenden Artikel 74 Abs. 1 Nr. 24 gleichbedeutend mit „Abfallwirtschaft" und umfasst daher insbesondere auch die Abfallvermeidung und Abfallverwertung sowie die damit zusammenhängenden Tätigkeiten und Maßnahmen.

Die konkurrierende Gesetzgebungskompetenz für die Lärmbekämpfung soll künftig nicht mehr den Lärm von Sportanlagen und anderen Einrichtungen umfassen, die der Freizeitgestaltung dienen oder eine soziale Zweckbestimmung haben. Regelungen zur Bekämpfung des Lärms von sozialen Einrichtungen, Sport- und Freizeitanlagen wie Kindergärten, Jugendheimen, Spielplätzen, Sportstätten und -stadien, Theatern und Aufführungsorten sowie Veranstaltungs- und Festplätzen, Hotels und Gaststätten fallen als Anlagen mit überwiegend lokaler Bedeutung künftig in die ausschließliche Gesetzgebungskompetenz der Länder.

Zu Doppelbuchstabe nn (Artikel 74 Abs. 1 Nr. 26)

Statt auf die Regelung der „künstlichen Befruchtung beim Menschen“ soll sich die Kompetenz nach Artikel 74 Abs. 1 Nr. 26 künftig auf „die medizinisch unterstützte Erzeugung menschlichen Lebens“ erstrecken. Damit wird klargestellt, dass die Kompetenz alle Bereiche der modernen Fortpflanzungsmedizin für den Menschen umfasst, etwa auch medizinisch unterstützte natürliche Befruchtungen, wie z.B. nach Hormonbehandlungen. In die Gesetzgebungskompetenz des Bundes sollen künftig neben Regelungen zur Transplantation von Organen und Geweben auch Regelungen zur Transplantation von „Zellen“ fallen.

Zu Doppelbuchstabe oo (Artikel 74 Abs. 1 Nr. 27 bis 33)

Mit der Anfügung der Nummern 27 bis 33 werden Kompetenzen aus der bisherigen Rahmengesetzgebungskompetenz – teilweise gegenständlich beschränkt – in die konkurrierende Gesetzgebungskompetenz überführt. Für die Wahrnehmung dieser Kompetenztitel durch den Bund gilt die Erforderlichkeitsklausel nicht (Artikel 72 Abs. 2). Den Ländern steht aber für den größten Teil der Regelungskompetenzen nach den Nr. 28 bis 33 ein Abweichungsrecht nach Artikel 72 Abs. 3 zu.

Die Personalhoheit der Länder wird durch die weitgehende Übertragung der Kompetenzen im Öffentlichen Dienstrecht gestärkt. Eingeschränkt ist diese allein durch die Zuweisung der Befugnis zur Regelung der grundlegenden Statusangelegenheiten an den Bundesgesetzgeber. Die neue Kompetenz zur Regelung der Statusrechte und -pflichten der Landesbeamten und -richter in Artikel 74 Abs. 1 Nr. 27 tritt an die Stelle der bisherigen Kompetenzen nach Artikel 75 Abs. 1 Satz 1 Nr. 1 und Artikel 98 Abs. 3 Satz 2. Die konkurrierende Gesetzgebungskompetenz in diesem Bereich erfasst nur die Statusrechte und -pflichten. Diese sind in der Koalitionsvereinbarung vom 18. November 2005, Anlage 2, Rn. 33 wie folgt formuliert (angepasst im Hinblick auf die Dienstverhältnisse der Landesrichter):

„Statusrechte und -pflichten“ sind:

- Wesen, Voraussetzungen, Rechtsform der Begründung, Arten, Dauer sowie Nichtigkeits- und Rücknahmegründe des Dienstverhältnisses,
- Abordnungen und Versetzungen der Beamten zwischen den Ländern und zwischen Bund und Ländern oder entsprechende Veränderungen des Richterdienstverhältnisses,
- Voraussetzungen und Formen der Beendigung des Dienstverhältnisses (vor allem Tod, Entlassung, Verlust der Beamten- und Richterrechte, Entfernung aus dem Dienst nach dem Disziplinarrecht),

– statusprägende Pflichten und Folgen der Nichterfüllung,
– wesentliche Rechte,
– Bestimmung der Dienstherrenfähigkeit,
– Spannungs- und Verteidigungsfall und
– Verwendungen im Ausland."

Diese bundeseinheitlichen Statusregelungen dienen insbesondere der Sicherung der länderübergreifenden Mobilität der Bediensteten. Nicht erfasst sind Regelungsbereiche, die bereits bisher in der Kompetenz der Länder liegen und auch nicht lediglich statusberührende dienstrechtliche Gebiete oder aus dem Beamten- oder Richterdienstverhältnis abgeleitete Rechte. Ausdrücklich ausgenommen von der konkurrierenden Gesetzgebungskompetenz werden Besoldung, Versorgung und die Laufbahnen der Beamten und die entsprechenden Regelungen für die Richter. Zum Laufbahnrecht der Beamten gehört auch die Regelung des Zugangs zur Laufbahn. Artikel 108 Abs. 2 bleibt unberührt.

Im Hochschulrecht wird der Großteil der Regelungsbefugnisse aus der bisherigen Rahmenkompetenz auf die Länder übertragen; die konkurrierende Gesetzgebung erfasst künftig nur die „Hochschulzulassung und die Hochschulabschlüsse".

Die Kompetenz für die Hochschulzulassung gibt dem Bund die Möglichkeit, insbesondere bei bundesweit zulassungsbeschränkten Studiengängen Vorgaben für die Ermittlung und vollständige Ausschöpfung der vorhandenen Ausbildungskapazitäten der Hochschulen sowie für die Vergabe der Studienplätze und Auswahlverfahren einheitlich zu regeln. Damit kann der Bund sicherstellen, dass entsprechend den verfassungsrechtlichen Anforderungen die Einheitlichkeit eines transparenten und fairen Vergabeverfahrens gewährleistet wird.

Eine Regelung von Studiengebühren ist davon nicht erfasst. Nicht erfasst werden von dieser Kompetenz auch Regelungen bezüglich des Hochschulzugangs, die aufgrund ihres engen Bezugs zum Schulwesen zur Zuständigkeit der Länder gehören.

Die Kompetenz für die Hochschulabschlüsse gibt dem Bund die Möglichkeit, im Interesse der Gleichwertigkeit einander entsprechender Studienleistungen und -abschlüsse die Abschlussniveaus und die Regelstudienzeiten zu regeln. Der Bund kann damit einen Beitrag zur Verwirklichung des einheitlichen europäischen Hochschulraums und zur internationalen Akzeptanz deutscher Hochschulabschlüsse leisten.

Zu Buchstabe b (Artikel 74 Abs. 2)

Künftig sollen auch Bundesgesetze nach Artikel 74 Abs. 1 Nr. 27 (Statusrechte und -pflichten der Landesbeamten etc.) der Zustimmung des Bundesrates unterliegen.

Zu Nummer 8 (Artikel 74a und 75)

Mit der Aufhebung des Artikels 74a fällt die bisher konkurrierende Gesetzgebungskompetenz zur Regelung der Besoldung und Versorgung der Landesbeamten und Landesrichter in die ausschließliche Gesetzgebungskompetenz der Länder.

Im Zuge der Abschaffung der Kategorie der Rahmengesetzgebung wird Artikel 75 gestrichen. Die Materien sind überwiegend in die konkurrierende Gesetzgebungskompetenz verlagert und der Abweichung durch die Länder geöffnet worden (Artikel 72 Abs. 3).

Zu Nummer 9 (Artikel 84 Abs. 1)

Mit der Neufassung des Artikels 84 Abs. 1 soll eine Reduzierung der Quote zustimmungspflichtiger Gesetze von bisher bis zu ca. 60 vom Hundert auf ca. 35 bis 40 vom Hundert erreicht werden, um mehr Handlungsmöglichkeiten auf Bundesebene zu schaffen und Entscheidungsprozesse zu beschleunigen.

Satz 1 bestimmt dabei unverändert, dass die Länder, wenn sie die Bundesgesetze als eigene Angelegenheit ausführen, die Einrichtung der Behörden und das Verwaltungsverfahren regeln.

Nach Satz 2 der Regelung kann in Bundesgesetzen künftig – ohne die bisher erforderliche Zustimmung des Bundesrates – die Behördeneinrichtung und das Verwaltungsverfahren der Länder geregelt werden; die Länder können aber davon abweichende Regelungen treffen. Da es um eine Abweichung von gesetzlichen Regelungen des Bundes geht, können die Länder auch nur durch Gesetz von ihrer Abweichungsbefugnis Gebrauch machen. Übergangsfragen werden im neuen Artikel 125b Abs. 2 geregelt.

Nach Satz 3 gilt Artikel 72 Abs. 3 Satz 2 und 3 entsprechend. Der Bezug auf Satz 2 bestimmt, dass die dort enthaltene besondere Inkrafttretensvorschrift Anwendung findet. Bundesgesetze, die zustimmungsfreie Verfahrensregelungen enthalten, treten damit frühestens 6 Monate nach ihrer Verkündung in Kraft, um den Ländern Gelegenheit zu geben, durch gesetzgeberische Entscheidungen festzulegen, ob und in welchem Umfang sie von Bundesrecht abweichendes Landesrecht beibehalten oder erlassen wollen. Durch die 6-Monats-Frist sollen kurzfristig wechselnde Rechtsbefehle an den Bürger vermieden werden. Für Eilfälle (z.B. wegen europarechtlicher Umsetzungsfristen) besteht die Möglichkeit eines früheren Inkrafttretens, wenn eine 2/3-Mehrheit im Bundesrat dem zustimmt. Mit dem Bezug auf Artikel 72 Abs. 3 Satz 3 ist geregelt, dass im Verhältnis von Bundes- und Landesrecht das jeweils spätere Gesetz vorgeht.

Nach Satz 4 können Bundesgesetze künftig nur in Ausnahmefällen wegen eines besonderen Bedürfnisses nach bundeseinheitlicher Regelung ohne Abweichungsmöglichkeit das Verwaltungsverfahren der Länder regeln; diese Gesetze benötigen aber nach Satz 5 die Zustimmung des Bundesrates.

In der Koalitionsvereinbarung vom 18. November 2005 heißt es dazu in der Anlage 2, Rn. 31:

> „Es besteht Einigkeit zwischen Bund und Ländern, dass Regelungen des Umweltverfahrensrechts regelmäßig einen Ausnahmefall im Sinne des Artikels 84 Abs. 1 Satz 3 [jetzt Satz 4] darstellen."

Die Anforderungen an die Planung, Zulassung und Überwachung von Anlagen und Vorhaben bilden einen Kernbereich des wirtschaftsrelevanten Umweltrechts. Dies gilt nicht nur für die materiellen, sondern auch für die verfahrensbezogenen Anforderungen. Durch das Zusammenspiel zwischen Artikel 72 Abs. 3 und Artikel 84 Abs. 1 Satz 4 soll dem Bund insbesondere die Möglichkeit eröffnet werden, Vereinfachungen bei den umweltrechtlichen Zulassungsverfahren vorzunehmen. Den Belangen der Länder wird in den Ausnahmefällen des Satzes 4 dadurch Rechnung getragen, dass Gesetze des Bundes, die Verfahrensvorschriften ohne Abweichungsmöglichkeiten der Länder enthalten, nach Satz 5 der Zustimmung des Bundesrates bedürfen.

Regelungen der Behördeneinrichtung ohne Abweichungsmöglichkeit sind dem Bund künftig verwehrt.

Satz 6 regelt, dass durch Bundesgesetz den Gemeinden und Gemeindeverbänden Aufgaben nicht übertragen werden dürfen.

Adressat für Aufgabenübertragungen durch den Bund sind die Länder (Artikel 83 und Artikel 84 Abs. 1 Satz 1). Eine Aufgabenübertragung auf die Kommunen kann nur noch durch Landesrecht erfolgen, für das das jeweilige Landesverfassungsrecht maßgeblich ist. Für bundesgesetzliche Aufgabenzuweisungen an die Kommunen, die nach bisheriger Verfassungsrechtslage zustande gekommen sind, enthält Artikel 125a Abs. 1

eine Übergangsregelung: Das Bundesrecht gilt weiter, kann aber insoweit durch Landesrecht ersetzt werden.

Zu Nummer 10 (Artikel 85 Abs. 1)

Parallel zum Verbot der Aufgabenübertragung nach Artikel 84 Abs. 1 Satz 6 wird auch für den Bereich der Auftragsverwaltung die bundesgesetzliche Aufgabenübertragung auf Gemeinden und Gemeindeverbände ausgeschlossen.

Zu Nummer 11 (Artikel 87c)

Folgeänderung auf Grund der Verlagerung der bisherigen Kompetenz nach Artikel 74 Abs. 1 Nr. 11a in die ausschließliche Bundeskompetenz.

Zu Nummer 12 (Artikel 91a)

Unbeschadet der Änderungen von Artikel 91a und 91b bleibt das Finanzierungsinstrument der Gemeinschaftsaufgaben erhalten.

Zu Buchstabe a (Artikel 91a Abs. 1)

Zu Doppelbuchstabe aa (Artikel 91a Abs. 1 Nr. 1)

Die bisherige Gemeinschaftsaufgabe „Ausbau und Neubau von Hochschulen einschließlich Hochschulkliniken“ entfällt im Hinblick auf die notwendige Entflechtung von Zuständigkeiten. Damit wird zugleich ein Beitrag zum Abbau von Mischfinanzierungen und zur Stärkung der Länder geleistet. Das aufgrund des bisherigen Artikels 91a Abs. 2 in Verbindung mit Absatz 1 Nummer 1 erlassene Recht gilt nach Artikel 125c Abs. 1 bis zum 31. Dezember 2006 fort.

Die durch die Abschaffung dieser Gemeinschaftsaufgabe frei werdenden Finanzierungsanteile des Bundes stehen nach Maßgabe von Artikel 143c den Ländern zu. Das Nähere ist nach Artikel 143c Abs. 4 durch Bundesgesetz mit Zustimmung des Bundesrates zu bestimmen.

Zu Doppelbuchstabe bb (Artikel 91a Abs. 1 Nr. 2 und 3)

Folgeänderung (Aufrücken der bisherigen Nummern 2 und 3).

Zu Buchstabe b (Artikel 91a Abs. 2)

Die Neufassung des Absatzes 2 erweitert für die fortbestehenden Gemeinschaftsaufgaben „Verbesserung der regionalen Wirtschaftsstruktur“ sowie

„Verbesserung der Agrarstruktur und des Küstenschutzes" den Regelungsspielraum für die Ausführungsgesetzgebung.

Zu Buchstabe c (Artikel 91a Abs. 3 und 5)

Infolge der Streichung des Absatzes 3 wird das Instrument der Rahmenplanung nicht mehr zwingend vorgeschrieben. Durch die Streichung des Absatzes 5 entfällt die bisherige verfassungsrechtliche Verankerung der Unterrichtungsansprüche von Bundesregierung und Bundesrat. Das Ausführungsgesetz nach Absatz 2 regelt stattdessen die Einzelheiten der Koordinierung. Damit werden die Voraussetzungen für eine Entbürokratisierung und Erleichterung der Bund-Länder-Zusammenarbeit geschaffen.

Zu Buchstabe d (Artikel 91a Abs. 4)

Folgeänderung (Aufrücken des bisherigen Absatzes 4 und Anpassung der Bezugnahmen auf die neuen Nummern 1 und 2 des Absatzes 1).

Zu Nummer 13 (Artikel 91b)

Die Möglichkeit des Zusammenwirkens von Bund und Ländern bei der Förderung überregional bedeutsamer wissenschaftlicher Forschung wird beibehalten und im Hinblick auf Fördergegenstände und Adressaten differenziert und präzisiert (Absatz 1).

Die gesamtstaatliche Aufgabe Forschungsförderung erfolgt weiterhin

- im Schwerpunkt gemeinsam durch Bund und Länder (Vereinbarungen auf der Grundlage von Artikel 91b, z.B. zuletzt die sog. Exzellenzinitiative),
- außerhalb von Artikel 91b durch den Bund (Projektförderungen insbesondere des BMBF),
- durch die je einzelnen Länder.

Die in der Sache nötige Transparenz und gegenseitige Unterrichtung bei Projektförderungen des Bundes (zu ihren bisherigen Gegenständen siehe den Bundesbericht Forschung 2004) und der einzelnen Länder ist durch die dazu bestehende und insoweit unberührt bleibende Bund-Länder-Zusammenarbeit gewährleistet (vgl. Artikel 1 Abs. 1, Artikel 2 Abs. 1 Nr. 7 (nebst zugehöriger Protokollnotiz) und Artikel 3 der ‚Rahmenvereinbarung zwischen Bund und Ländern über die gemeinsame Förderung der Forschung nach Artikel 91b GG' – vom 28. November 1975 (BAnz Nr. 240 vom 30. Dezember 1975, S. 4), zuletzt geändert durch Vereinbarung vom 25. Oktober 2001 (BAnz S. 25218); eine Zustimmung der Länderseite ist nicht erforderlich.

Die bisherige Gemeinschaftsaufgabe Bildungsplanung wird ersetzt durch die Grundlage für eine gemeinsame Feststellung der Leistungsfähigkeit des Bildungswesens im internationalen Vergleich und diesbezüglichen Berichten und Empfehlungen (Absatz 2).

Auf Grund des bisherigen Artikels 91b sind eine Reihe von Vereinbarungen zwischen Bund und Ländern abgeschlossen worden. Dazu gehört das Verwaltungsabkommen zwischen Bund und Ländern über die Errichtung einer gemeinsamen Kommission für Bildungsplanung (BLK-Abkommen) vom 25. Juni 1970 in der Fassung vom 17./21. Dezember 1990 (BAnz 1991 S. 683). Dieses Abkommen ist nach den Maßgaben des Begleittextes zu Artikel 91b wegen der in der Neufassung von Artikel 91b wegfallenden bisherigen Gemeinschaftsaufgabe Bildungsplanung und der neuen Gemeinschaftsaufgabe Feststellung der Leistungsfähigkeit des Bildungswesens im internationalen Vergleich und diesbezüglichen Berichten und Empfehlungen (Artikel 91b Abs. 2) anzupassen. Bei der Bereinigung des BLK-Abkommens ist entsprechend der Maßgabe des nachstehend wiedergegebenen Begleittextes zur Koalitionsvereinbarung eine auf Kooperation und Effizienz orientierte Aufgabenabstimmung mit der Kultusministerkonferenz vorzunehmen.

Die ‚Rahmenvereinbarung zwischen Bund und Ländern über die gemeinsame Förderung der Forschung nach Artikel 91b GG – Rahmenvereinbarung Forschungsförderung‘ – vom 28. November 1975 (BAnz Nr. 240 vom 30. Dezember 1975, S. 4), zuletzt geändert durch Vereinbarung vom 25. Oktober 2001 (BAnz S. 25218) sowie hierzu ergangene Ausführungsvereinbarungen sind nach Maßgabe der Eckpunkte des Begleittextes zu Artikel 91b Abs. 1 anzupassen. Die Vereinbarung zwischen Bund und Ländern über die Förderung der angewandten Forschung und Entwicklung an Fachhochschulen nach Artikel 91b des Grundgesetzes‘ vom 3. November 2003 (BAnz S. 24921) gilt fort.

Die ‚Rahmenvereinbarung zur koordinierten Vorbereitung, Durchführung und wissenschaftlichen Begleitung von Modellversuchen im Bildungswesen – Rahmenvereinbarung Modellversuche‘ – vom 7. Mai 1971 (GMBl S. 284) ist wegen Wegfalls der bisherigen Gemeinschaftsaufgabe Bildungsplanung nach Maßgabe des nachstehend wiedergegebenen Begleittextes zur Koalitionsvereinbarung aufzuheben.

Die aufgrund dieser Rahmenvereinbarung vereinbarten Modellversuche sollen entsprechend der jeweils bestehenden Befristungen auslaufen, sofern sie nicht zuvor aufgehoben werden. Die Länder treten grundsätzlich in die Pflichten des Bundes ein.

Absatz 3 sieht vor, dass die Kostentragung in der Vereinbarung geregelt wird. Durch den Begriff „Kostentragung“ wird klargestellt, dass der Bund im Rahmen der Vereinbarung auch alleine fördern darf.

In der Koalitionsvereinbarung vom 18. November 2005 heißt es dazu in der Anlage 2, Rn. 34:

> „Vereinbarungen nach Artikel 91b GG sind grundsätzlich solche zwischen Bund und allen Ländern; sie können auf Seiten der Länder nur mit einer Mehrheit von mindestens 13 Stimmen abgeschlossen werden.
>
> Das bisherige „Verwaltungsabkommen zwischen Bund und Ländern über die Errichtung einer gemeinsamen Kommission für Bildungsplanung“ (BLK-Abkommen) vom 25. Juni 1970 i.d.F. vom 17./21. Dezember 1990 ist dem neugefassten Artikel 91b GG anzupassen und entsprechend zu bereinigen. Bei der Bereinigung des Abkommens ist eine auf Kooperation und Effizienz orientierte Aufgabenabstimmung mit der KMK vorzunehmen.
>
> Zu Artikel 91b Abs. 1 GG: Die höchst erfolgreiche und zur Gewährleistung der internationalen Wettbewerbsfähigkeit Deutschlands allseits anerkannte Gemeinschaftsaufgabe der gemeinsamen Förderung überregional bedeutender wissenschaftlicher Forschung wird im Hinblick auf die Zuständigkeit der Länder für das Hochschulwesen (soweit nicht Kompetenz des Bundes für Hochschulzulassung und Hochschulabschlüsse) präzisiert und durch überregionale Bestandteile der bisherigen Gemeinschaftsaufgabe Hochschulbau ergänzt. Aufteilung der Bundesmittel für die Hochschulbauförderung: 70 v.H. Länder und 30 v.H. Bund (siehe Artikel 143c neu GG).
>
> Der Begriff „Förderung der wissenschaftlichen Forschung“ ist weit zu verstehen (Artikel 5 Abs. 3 GG). Er ist nicht auf bestimmte Institutionen bezogen und umfasst damit Förderungen in- und außerhalb von Hochschulen. Er ist nicht auf bestimmte Förderarten beschränkt und umfasst damit institutionelle Förderungen außerhochschulischer Einrichtungen und Projektförderungen in und außerhalb der Hochschulen. Außerdem sind unter ihn sowohl Einrichtungen zu subsumieren, die selbst forschen (z.B. Hochschulen, MPG, HGF, FhG, WGL), als auch solche, deren Aufgabe selbst in der Forschungsförderung besteht. Künftig können als „Vorhaben“ der Hochschulforschung auch sog. Großgeräte einschließlich der notwendigen Investitionsmaßnahmen

und Bauvorhaben, die Forschungszwecken dienen, finanziert werden. Die Ressortforschung des Bundes bleibt unberührt.

Wie bisher geht es allein um die Förderung wissenschaftlicher Forschung von überregionaler Bedeutung, d.h. dass es sich um eine Förderung handeln muss, die Ausstrahlungskraft über das einzelne Land hinaus hat und bedeutend ist im nationalen oder internationalen Kontext. Eine weitere Konkretisierung des Begriffes muss im Rahmen der Bund-Länder-Vereinbarung erfolgen, auf deren Grundlage das Zusammenwirken von Bund und Ländern in der Forschungsförderung erst möglich wird. Dabei ist eine alleinige Förderung des Bundes mit Zustimmung der Länder nicht ausgeschlossen (siehe unten zu Artikel 91b Abs. 3).

Die ‚Rahmenvereinbarung zwischen Bund und Ländern über die gemeinsame Förderung der Forschung nach Artikel 91b GG' – Rahmenvereinbarung Forschungsförderung – vom 28. November 1975/17./21. Dezember 1990, zuletzt geändert durch Vereinbarung vom 25. Oktober 2001 ist dem neugefassten Artikel 91b Abs. 1 mit folgenden Eckpunkten anzupassen:

a) Für Projektförderungen im Rahmen der Gemeinschaftsaufgabe Forschungsförderung sollte in Abstimmung von Bund und Ländern eine Bagatellgrenze definiert werden.
b) Die Förderung der wissenschaftlichen Forschung erfasst nicht den allgemeinen Aus- und Neubau von Hochschulen einschließlich der Hochschulklinika. Dieser Tatbestand der bisherigen Gemeinschaftsaufgabe Hochschulbau ist entfallen mit dem Ziel, dass diese Aufgabe künftig allein von den Ländern wahrgenommen wird.
c) Förderungsfähige Investitionsvorhaben für die Hochschul-Forschung müssen sich durch besondere nationale Excellenz auszeichnen.
d) Eine „Bagatellgrenze" (Orientierungsgröße 5 Mio. €) soll auch für die Beschaffung von Großgeräten einschließlich notwendiger Investitionsmaßnahmen gelten.[1]
e) Die Beschaffung von Großgeräten und die Förderung von Baumaßnahmen im Zusammenhang mit einer Forschungsförderung von überregionaler Bedeutung sind auf die Hochschulen beschränkt. In

1 Die Orientierungsgröße (Bagatellgrenze) bezieht sich auf Forschungsbauten. Die Konkretisierung, insbesondere hinsichtlich von Großgeräten, bleibt einer Vereinbarung von Bund und Ländern überlassen.

diesen Fällen beteiligt sich der Bund in der Regel mindestens zur Hälfte an den Kosten. Im Bereich der außeruniversitären Forschung erfolgt die Finanzierung von Großgeräten und Baumaßnahmen wie bisher im Rahmen der institutionellen Förderung.

Zu Artikel 91b Abs. 2 GG: Der Begriff der 1969 übergreifend gedachten, aber nicht realisierten Gemeinschaftsaufgabe gesamtstaatlicher Bildungsplanung wird ersetzt durch die Grundlage für eine zukunftsorientierte gemeinsame Evaluation und Bildungsberichtserstattung zur Feststellung der Leistungsfähigkeit des Bildungswesens im internationalen Vergleich. Die neue Gemeinschaftsaufgabe hat drei Elemente: Gemeinsame Feststellung und gemeinsame Berichterstattung (d.h. in der Konsequenz: Veröffentlichung) und die Möglichkeit der Abgabe von gemeinsamen Empfehlungen. Ziel derartiger gemeinsamer Bildungsberichterstattung ist die Schaffung von Grundinformationen (einschließlich Finanz- und Strukturdaten) für die Gewährleistung der internationalen Gleichwertigkeit und Wettbewerbsfähigkeit des deutschen Bildungswesens. Für Folgerungen aus diesem Zusammenwirken sind – unbeschadet eventueller gemeinsamer Empfehlungen – allein die Länder zuständig, soweit nicht der Bund konkrete Zuständigkeiten hat (außerschulische berufliche Bildung und Weiterbildung, Hochschulzulassung und Hochschulabschlüsse).

Die bestehende Zusammenarbeit der Länder und des Bundes zur nationalen Bildungsberichterstattung bleibt als notwendige Grundlage internationaler Berichtspflichten und internationaler Vergleiche unberührt und wird weitergeführt (siehe KMK-Eckpunkte zur künftigen Bildungsberichterstattung in Deutschland vom März 2004 sowie die Vereinbarung von KMK und BMBF mit einem Konsortium von Forschungs- und Statistikeinrichtungen betreffend die Bildungsberichterstattung vom November 2004).

Die „Rahmenvereinbarung zur koordinierten Vorbereitung, Durchführung und wissenschaftlichen Begleitung von Modellversuchen im Bildungswesen“ (Rahmenvereinbarung Modellversuche vom 7. Mai 1971 bzw. 17./21. Dezember 1990) entfällt.

Aufteilung der Bundesmittel für die Bildungsplanung hälftig zwischen Bund und Ländern (siehe Artikel 143c neu GG).

Zu Artikel 91b Abs. 3 GG: Durch den Begriff „Kostentragung“ wird klargestellt, dass der Bund im Rahmen der Vereinbarung mit Zustimmung der Länder (mindestens 13 Stimmen) auch alleine fördern darf.“

Zu Nummer 14 (Artikel 93)

Zu Buchstabe a (Artikel 93 Abs. 2)

Satz 1 des neuen Absatzes 2 ermöglicht dem Bundesrat, einer Landesregierung oder der Volksvertretung eines Landes, eine Entscheidung des Bundesverfassungsgerichts darüber zu beantragen, ob im Falle des Artikels 72 Abs. 4 die Erforderlichkeit für eine bundesgesetzliche Regelung nach Artikel 72 Abs. 2 nicht mehr besteht oder Bundesrecht in den Fällen des Artikels 125a Abs. 2 Satz 1 (wegen der 1994 erfolgten Änderung des Artikels 72 Abs. 2) nicht mehr erlassen werden könnte. Eine solche Feststellungsentscheidung des Bundesverfassungsgerichts ersetzt nach Satz 2 ein Landesrecht ermöglichendes Bundesgesetz. Satz 3 legt die speziellen Voraussetzungen für Anträge nach Satz 1 fest. Vor der Stellung eines Feststellungsantrags muss die Vorlage für ein Gesetz, das nach Artikel 72 Abs. 4 GG oder Artikel 125a Abs. 2 Satz 2 GG den Ländern eine Ersetzungsbefugnis einräumt, im Bundestag erfolglos geblieben sein. Dies ist auch der Fall, wenn über sie nicht innerhalb einer Frist von einem Jahr vom Bundestag beraten und Beschluss gefasst worden ist. Alternativ dazu setzt der Antrag voraus, dass eine entsprechende Gesetzesvorlage im Bundesrat abgelehnt wurde. Nicht erforderlich ist, dass der jeweilige Antragsteller selbst Urheber der gescheiterten Gesetzesvorlage ist.

Zu Buchstabe b (Artikel 93 Abs. 3)

Redaktionelle Folgeänderung.

Zu Nummer 15 (Artikel 98 Abs. 3)

Die Ergänzung des bisherigen Satzes 1 ist eine Folgeänderung zu Artikel 74 Abs. 1 Nr. 27. Die Streichung des bisherigen Satzes 2 ist Konsequenz des Wegfalls der Kategorie der Rahmenkompetenz und trägt zugleich der Streichung des – in Satz 2 in Bezug genommenen – Artikels 74a Abs. 4 Rechnung.

Zu Nummer 16 (Artikel 104a)

Zu Buchstabe a (Artikel 104a Abs. 3)

Folgeänderung auf Grund der Neufassung von Artikel 104a Abs. 4 neu.

Zu Buchstabe b (Artikel 104a Abs. 4)

Nach dieser Regelung bedürfen Bundesgesetze, die bestimmte Leistungspflichten der Länder gegenüber Dritten begründen, der Zustimmung des Bundesrates. Anknüpfungspunkt der Zustimmungsbedürftigkeit von Bundesgesetzen sind die Interessen der Länder maßgeblich berührende Kostenfolgen von Bundesgesetzen für die Länderhaushalte.

Bei der Bestimmung der die Zustimmungsbedürftigkeit auslösenden Belastung knüpft Absatz 4 zunächst mit dem Tatbestandsmerkmal der „Geldleistung" an den Regelungsgehalt des bisherigen Artikels 104a Abs. 3 Satz 3 an. Geldleistungen sind dadurch gekennzeichnet, dass den Ländern im Verwaltungsvollzug kein Ermessensspielraum hinsichtlich der Höhe der zu verausgabenden Mittel zukommt.

Bei gesetzlicher Verpflichtung zur Gewährung von „geldwerten Sachleistungen" haben die Länder zwar einen gewissen, aber letztlich doch nur beschränkten Einfluss auf den Umfang der anfallenden Zweckausgaben. Deshalb soll künftig auch hierdurch eine Zustimmungsbedürftigkeit ausgelöst werden.

Im Übrigen wird zu den Tatbestandsmerkmalen „Erbringung von Geldleistungen oder geldwerten Sachleistungen" in der Koalitionsvereinbarung vom 18. November 2005, Anlage 2, Rn. 32 Folgendes erläutert:

> „Die Zustimmung als Schutzrecht vor kostenbelastenden Bundesgesetzen ist ein wesentliches Interesse der Länder. Der Begriff der „geldwerten Sachleistungen" erfasst mit Blick auf diesen Schutzzweck der Norm nach Maßgabe der nachfolgenden Ausführungen auch hiermit vergleichbare Dienstleistungen.
>
> Die Vergleichbarkeit einer Dienstleistung mit Geld- und geldwerten Sachleistungen im Sinne des neuen Zustimmungstatbestandes ist dann gegeben, wenn sie unter vergleichbar engen Voraussetzungen wie dies bei Geld- und Sachleistungen der Fall ist, einem Dritten Vorteile gewährt oder sonstige Maßnahmen gegenüber Dritten veranlasst, die zu einer erheblichen Kostenbelastung der Länder führen.
>
> Soweit den Ländern durch den Bundesgesetzgeber keine wesentlichen Spielräume zur landeseigenen Bestimmung des Ausmaßes von Leistungspflichten eingeräumt werden, fällt z.B. die Verpflichtung der Länder zur Schaffung und Unterhaltung von Aufnahmeeinrichtungen für die Unterbringung von Asylbegehrenden grundsätzlich unter den Begriff der Sachleistungen. Gleiches gilt z.B. grundsätzlich für die Verpflichtung der Länder zur Erbringung von Schuldnerberatungen oder zur Bereitstellung von Tagesbetreuungsplätzen.

Im Bereich der Sozialversicherung wird von Sachleistungen gesprochen, wenn es sich um Leistungen handelt, die dem Empfänger in Form von Diensten gewährt werden (z.B. bei Maßnahmen der Heilbehandlung). Im Bereich des Sozialgesetzbuches werden Geld-, Sach-und Dienstleistungen unter dem Begriff der Sozialleistungen zusammengefasst. Nach der oben eingeführten Interpretation sind diese Dienstleistungen vom Begriff der Sachleistung als vergleichbare Leistungen umfasst. In diesem weiten Verständnis schließt das Merkmal der Sachleistungen auch die Regelungen zur Schaffung von Tagesbetreuungsplätzen für Kinder im Kinder- und Jugendhilferecht ein. Die Bereitstellung von Tagesbetreuungsplätzen beinhaltet ein Bündel von staatlichen Sach- und vergleichbaren Dienstleistungen, wie Räumlichkeiten und deren Ausstattung sowie die Betreuungs- bzw. Erziehungsleistung.

Nicht dagegen fallen unter den Begriff der Sachleistungen reine Genehmigungen, Erlaubnisse oder sonstige Verwaltungsakte, die keine darüber hinausgehenden Leistungen bestimmen, sondern nur die Vereinbarkeit mit materiellen Vorschriften feststellen.

Leistungen, die nicht durch Länderhaushalte, sondern vollständig aus Beitragsmitteln, Zuschüssen aus dem EU-Haushalt oder dem Bundeshaushalt finanziert werden, sind nicht von dem neuen Zustimmungstatbestand erfasst."

Die Zustimmungsnorm gilt bei Bundesgesetzen, die von den Ländern als eigene Angelegenheit gemäß Artikel 84 Abs. 1 ausgeführt werden. Die Fälle der Bundesauftragsverwaltung sind nicht erfasst, da gemäß Artikel 104a Abs. 2 der Bund die sich daraus ergebenden (Zweck-)Ausgaben trägt. Etwas anderes gilt nur für die Fälle der Auftragsverwaltung auf Grund von Artikel 104a Abs. 3 Satz 2, die in Folge einer mindestens hälftigen Kostenbeteiligung des Bundes bei Geldleistungsgesetzen angeordnet ist. Solche Geldleistungsgesetze sollen aufgrund verbleibender Kostenfolgen für die Länder ebenfalls zustimmungsbedürftig sein. Geldleistungsgesetze bleiben zustimmungsfrei, wenn der Bund die Ausgaben gemäß Artikel 104a Abs. 3 Satz 1 vollständig übernimmt. Die Zustimmungspflicht gilt ebenfalls nicht, soweit das Gesetz die Länder nicht als staatliches Organ, sondern wie einen privaten Dritten betrifft, etwa als Betreiber einer Einrichtung oder Anlage.

Zu Buchstabe c (Artikel 104a Abs. 6)

Satz 1 betrifft die bislang zwischen Bund und Ländern streitige Frage der Lastentragung im Falle finanzwirksamer Entscheidungen zwischenstaatlicher Einrichtungen wegen einer Verletzung von supranationalen oder völkerrechtlichen Pflichten. Beispiele sind die Verhängung von Zwangsgeldern oder Pauschalbeträgen durch die Europäische Union, Finanzkorrekturen durch die Europäische Union aufgrund fehlerhafter Verausgabung von EU-Mitteln (Anlastungen) oder Verurteilungen durch den Europäischen Gerichtshof für Menschenrechte.

Die innerstaatliche Verantwortung wird grundsätzlich bei derjenigen Gebietskörperschaft liegen, die supranationale oder völkerrechtliche Verpflichtungen verletzt. Für die Lastenverteilung zwischen Bund und Ländern und der Länder untereinander gilt mithin das Prinzip der innerstaatlichen Zuständigkeits- und Aufgabenverteilung, die sich für die innerstaatlichen Umsetzung des unmittelbar geltenden supranationalen Rechts bzw. Völkerrechts insbesondere nach Artikeln 30, 70 ff., 83 ff. bestimmt. Die Folgen einer Pflichtverletzung sollen grundsätzlich die Körperschaft (Bund oder Länder) treffen, in deren Verantwortungsbereich sie sich ereignet hat.

Das Prinzip der innerstaatlichen Zuständigkeits- und Aufgabenverteilung gilt vertikal und horizontal für alle Fälle legislativen, judikativen und exekutiven Fehlverhaltens. Eine Ausnahme bilden die Fälle länderübergreifender Finanzkorrekturen durch die EU. Eine länderübergreifende Finanzkorrektur liegt vor, wenn die Europäische Kommission eine Finanzkorrektur aufgrund eines Fehlers identischer Verwaltungs- und Kontrollsysteme aller durchführenden Länder verhängt. Der Fehler wird nach konkreter Feststellung der Kommission in einem oder mehreren Ländern ohne weitere Prüfung in anderen Ländern auf die Gesamtheit der die Regelung durchführenden Länder erstreckt. Für diese Fälle regeln die Sätze 2 und 3 des Artikels 104a Abs. 6 als Ausnahme vom Verursacherprinzip eine Solidarhaftung sowohl für den Bund in Höhe von 15 vom Hundert als auch für die Länder in Höhe von 35 vom Hundert der Gesamtlasten; eine weitergehende Haftung des Bundes ist ausgeschlossen. Länderintern tragen begünstigte Länder, die sich nicht exculpieren können, 50 vom Hundert der Gesamtlasten und zwar anteilig entsprechend der Höhe der erhaltenen Mittel.

Das Nähere wird gemäß Satz 3 durch Bundesgesetz mit Zustimmung des Bundesrates bestimmt. Dieses Gesetz ergeht im Rahmen des Föderalismusreform-Begleitgesetzes.

Zu Nummer 17 (Artikel 104b)

Artikel 104b ersetzt den bisherigen Artikel 104a Abs. 4. Auf der Grundlage dieser Vorschrift wird der Bund sich auch weiterhin unter bestimmten

Voraussetzungen an der Finanzierung von Investitionen in Aufgabengebieten der Länder und Gemeinden durch die Gewährung von Finanzhilfen an die Länder beteiligen können. Sie enthält entscheidende Neuregelungen, mit denen das Instrument der Finanzhilfen des Bundes auf seine eigentliche Zielrichtung, Bundesmittel gezielt und flexibel zur Behebung konkreter Problemlagen einzusetzen, zurückgeführt wird.

Zu Absatz 1

Satz 1 entspricht der bisherigen Regelung in Artikel 104a Abs. 4 Satz 1.

Finanzhilfen des Bundes für besonders bedeutsame Investitionen der Länder und Gemeinden (Gemeindeverbände) werden nach Satz 2 ausgeschlossen bei Gegenständen der ausschließlichen Gesetzgebung der Länder. Zum Beispiel ist ein neues Ganztagsschul-Investitionsprogramm danach nicht mehr zulässig, weil das Schulwesen Gegenstand ausschließlicher Gesetzgebung der Länder ist. Die bestehende Bund-Länder-Verwaltungsvereinbarung über ein Investitionsprogramm „Zukunft Bildung und Betreuung" vom 29. April 2003 gilt aber weiter aufgrund der Übergangsregelung des Artikels 125c Abs. 2 Satz 2.

Dort, wo der Bund im Bildungsbereich Kompetenzen hat (außerschulische berufliche Bildung und Weiterbildung, Hochschulzulassung und Hochschulabschlüsse) sind unter den Voraussetzungen des Artikels 104b Finanzhilfen weiterhin zulässig, weil in diesen Bereichen keine ausschließliche Gesetzgebungskompetenz der Länder besteht. Die gemeinsame Kulturförderung von Bund und Ländern bleibt unberührt. Dazu wird in der Koalitionsvereinbarung vom 18. November 2005, Anlage 2, Rn. 35, Folgendes ausgeführt:

> „Die gemeinsame Kulturförderung von Bund und Ländern einschließlich der im Einigungsvertrag enthaltenen Bestimmungen über die Mitfinanzierung von kulturellen Maßnahmen und Einrichtungen durch den Bund bleibt unberührt (vgl. Eckpunktepapier der Länder für die Systematisierung der Kulturförderung von Bund und Ländern und für die Zusammenführung der Kulturstiftung des Bundes und der Kulturstiftung der Länder zu einer gemeinsamen Kulturstiftung vom 26. Juni 2003)."

Zu Absatz 2

Satz 1 entspricht der bisherigen Regelung in Artikel 104a Abs. 4 Satz 2.

Sätze 2 und 3 regeln zur Vermeidung von schematisch verfestigten Förderungen, dass Finanzhilfen künftig nur noch zeitlich begrenzt gewährt werden dürfen und eine degressive Ausgestaltung der Jahresbeträge vorzusehen ist. Die vorgeschriebene Überprüfung der Verwendung der Finanzhilfen in regelmäßigen Zeitabständen soll sich neben der erforderlichen Feststellung der zweckentsprechenden Inanspruchnahme und Verwendung der Bundesmittel auch mit der Frage der Erreichung der mit der Finanzhilfengewährung angestrebten Ziele befassen.

Zu Absatz 3

Das für Bundestag, Bundesregierung und Bundesrat vorgesehene Unterrichtungsrecht erstreckt sich auf die Information über Einzelheiten der mit Finanzhilfen geförderten Investitionsmaßnahmen sowie auf die mit der Finanzhilfengewährung erzielten Verbesserungen. Die Regelung ermöglicht es, eine an dem jeweiligen Förderziel orientierte Erfolgskontrolle vorzunehmen und einen flexibleren und effizienteren Einsatz des gesamtstaatlich ausgerichteten Steuerungsinstruments der Finanzhilfen zu erreichen.

Zu Nummer 18 (Artikel 105 Abs. 2a)

Durch die Neuregelung werden die Länder in die Lage versetzt, bei der Grunderwerbsteuer den Steuersatz festzulegen.

Zu Nummer 19 (Artikel 107 Abs. 1 Satz 4)

Die Ergänzung von Artikel 107 Abs. 1 Satz 4 stellt eine Folgeänderung der Übertragung der Steuersatzautonomie bei der Grunderwerbsteuer auf die Länder in Artikel 105 Abs. 2a Satz 2 dar.

Durch die Neuregelung von Artikel 107 Abs. 1 Satz 4 werden – mit Ausnahme der Grunderwerbsteuer – für die Bestimmung der Ergänzungsanteile für die Länder die Einnahmen aus den Landessteuern und aus der Einkommensteuer sowie der Körperschaftsteuer weiterhin zu Grunde gelegt; für die Grunderwerbsteuer wird nunmehr anstelle der tatsächlichen Einnahmen die Steuerkraft angesetzt. Durch die Übertragung der Steuersatzautonomie bei der Grunderwerbsteuer auf die Länder besteht für diese zukünftig ein Spielraum bei der Erzielung von Einnahmen aus der Grunderwerbsteuer. Würde vor diesem Hintergrund im Rahmen des bundesstaatlichen Finanzausgleichs weiterhin auf die tatsächlichen Einnahmen der Grunderwerbsteuer abgestellt, bestünde die Gefahr von Fehlanreizen. So würden Einnahmeausfälle im Fall der Senkung des Steuersatzes bei der Grunderwerbsteuer bei Ländern, denen Ergänzungsanteile zustehen, durch einen höheren Anteil an der Umsatzsteuer in den allermeisten Fällen nahezu ausgeglichen. Zur Vermeidung derartiger Fehlanreize ist die Grunderwerbsteuer in den bundesstaatlichen Finanzausgleich auf der Grundlage normierter Einnahmen einzubeziehen. Der Begriff der Steuerkraft ermöglicht dies. Die Einzelheiten zur Ermittlung dieser normierten Einnahmen ergeben sich aus dem Maßstäbegesetz und dem Finanzausgleichsgesetz.

Zu Nummer 20 (Artikel 109 Abs. 5)

Die neue Vorschrift regelt vor dem Hintergrund der Verpflichtungen der Bundesrepublik Deutschland auf Grund des Europäischen Stabilitäts- und Wachstumspaktes zur Einhaltung der Haushaltsdisziplin die Verantwortung des Bundes einerseits und der Länder andererseits. Die Länder (einschließlich der Gemeinden) sind ein wesentlicher Bestandteil des Staatssektors und tragen substanziell zum gesamtstaatlichen Defizit bei. Vor diesem Hintergrund wird eine gemeinsame Lastentragung vorgesehen.

Die Regelung enthält bereits Eckpunkte des gemäß Artikel 109 Abs. 5 Satz 4 zu erlassenden Ausführungsgesetzes, insbesondere die anteilige Verteilung von Sanktionszahlungen auf Bund und Länder.

Zu Nummer 21 (Artikel 125a)

In den Absatz 1 des Artikels 125a werden die Bestimmungen neu aufgenommen, deren Änderung zu Kompetenzverlagerungen auf die Länder führt. Neu genannt werden die eingefügten Artikel 84 Abs. 1 Satz 6, Artikel 85 Abs. 1 Satz 2 und Artikel 105 Abs. 2a Satz 2 sowie die aufgehobenen Artikel 74a, 75 und Artikel 98 Abs. 3 Satz 2. Artikel 75 wird dabei nur noch unter den aufgehobenen Vorschriften genannt; unbeschadet dessen werden alle Regelungen erfasst, die auf der Grundlage des 1994 geänderten und jetzt gestrichenen Artikels 75 ergangen sind und nicht mehr als Bundesrecht erlassen werden könnten.

Auch in den neu erfassten Fällen gilt bereits erlassenes Bundesrecht zunächst fort, kann aber durch Landesrecht ersetzt werden, ohne dass es einer Ermächtigung durch den Bundesgesetzgeber bedarf. Der Bundesgesetzgeber bleibt nur zur Änderung einzelner Vorschriften im Sinne der Ladenschluss-Entscheidung des Bundesverfassungsgerichts (BVerfGE 111, 10) sowie dazu befugt, das von ihm erlassene Recht wieder aufzuheben, um ein dauerhaftes Nebeneinander von Landes- und partiellem Bundesrecht zu vermeiden. Dabei hat er den Ländern durch entsprechende Inkrafttretensvorschriften einen angemessen langen Zeitraum für die eigene Gesetzgebung einzuräumen.

Zu dem Bundesrecht, das wegen Änderung des Artikels 75 (Wegfall der Rahmengesetzgebung) nicht mehr als Bundesrecht erlassen werden könnte und nach Absatz 1 zwar als Bundesrecht fortgilt, aber durch Landesrecht ersetzt werden kann, gehören zum Beispiel die „allgemeinen Grundsätze des Hochschulwesens" nach dem bisherigen Artikel 75 Abs. 1 Satz 1 Nr. 1a bis auf die künftig in Artikel 74 Abs. 1 Nr. 33 enthaltenen Bereiche „Hochschulzulassung und –abschlüsse"; für letztere Bestandteile des Hochschulrechts enthält Artikel 125b Abs. 1 eine eigene Übergangsregelung.

Artikel 125a Abs. 1 findet damit Anwendung auf wesentliche Teile des Hochschulrahmengesetzes (HRG) in der Fassung der Bekanntmachung vom 19. Januar 1999 (BGBl. I S. 18), zuletzt geändert durch Artikel 1 des Gesetzes vom 27. Dezember 2004 (BGBl. I S. 3835) unter Berücksichtigung der Entscheidung des Bundesverfassungsgerichts vom 26. Januar 2005 (BVerfGE 112, 226). Der auf der Gesetzgebungskompetenz aus Artikel 74 Abs. 1 Nr. 12 (Arbeitsrecht) beruhende arbeitsrechtliche Teil des HRG (§§ 57 a – 57 f) bleibt verbindliches Bundesrecht (weder Abweichungs- noch Ersetzungsbefugnis der Länder). Das Hochschuldienstrecht (3. Kapitel, 2. Abschnitt, §§ 42 ff HRG) wird als Teil des allgemeinen Dienst-, Besoldungs- und Versorgungsrechts gemäß Artikel 74 Abs. 1 Nr. 27 Zuständigkeit der Länder, soweit es nicht um Statusrechte und -pflichten der Beamten geht, für die der Bund die Gesetzgebungskompetenz hat (Zustimmungsrecht des Bundesrats gemäß Artikel 74 Abs. 2).

Im Absatz 2 ist die bisherige Regelung für das Rahmenrecht in Satz 3 – als Konsequenz aus dem Wegfall der Kategorie der Rahmengesetzgebung – gestrichen worden; insoweit sind jetzt die Übergangsregelungen des Artikels 125a Abs. 1 und des Artikels 125b Abs. 1 anzuwenden. Der Anwendungsbereich des Absatzes 2 ist nunmehr schon in seinem Satz 1 ausdrücklich auf Bundesrecht bezogen, das wegen Änderung des Artikels 72 Abs. 2 nicht mehr als Bundesrecht erlassen werden könnte.

In den Fällen des Absatzes 2 bedarf der Landesgesetzgeber, anders als in Absatz 1, nach wie vor einer bundesgesetzlichen Ermächtigung, bevor er fortbestehendes Bundesrecht ersetzen kann.

Eine solche Ermächtigung wird – ebenso wie in den Fällen des Artikels 72 Abs. 4 – jedenfalls dann zu erteilen sein, wenn der Bundesgesetzgeber positive Kenntnis von der fehlenden Erforderlichkeit hat. Dies gilt insbesondere dann, wenn das Bundesverfassungsgericht in einer Inzident-Entscheidung ausdrücklich zu einer entsprechenden Bewertung gekommen ist. Im Übrigen hat das Bundesverfassungsgericht bereits entschieden, dass sich bei fehlender Erforderlichkeit das in Artikel 125a Abs. 2 Satz 2 dem Bund eingeräumte Ermessen in den Fällen, in denen der Bund eine Neukonzeption aus sachlichen oder politischen Gründen für erforderlich hält, dahingehend verengt, dass er die Länder zur Neuregelung zu ermächtigen hat (BVerfGE 111, 10, 31).

Der neue Absatz 3 schafft die aufgrund der vorgenommenen Kompetenzverlagerungen erforderlich gewordene Übergangsregelung für Landesrecht, das wegen Änderung des Artikels 73 nicht mehr als Landesrecht erlassen werden könnte. Es gilt – spiegelbildlich zur Regelung im Absatz 1 – als Landesrecht fort und kann durch Bundesrecht ersetzt werden. Betroffen sind die Materien des bisherigen Artikels 75 Abs. 1 Satz 1 Nr. 5 und 6 (Melde- und Ausweiswesen, Kulturgüterschutz).

Zu Nummer 22 (Artikel 125b und Artikel 125c)

Zu Artikel 125b

Der neu eingefügte Artikel 125b betrifft im Unterschied zu Artikel 125a solches auf Grund alter Vorschriften erlassene Recht, das auch nach dem Inkrafttreten der Grundgesetzänderung als Bundesrecht erlassen werden kann. Die Vorschrift enthält insbesondere Übergangsregelungen zu den neuen Abweichungsbefugnissen der Länder hinsichtlich bereits bestehenden Bundesrechts.

Absatz 1 betrifft das von der Regelung in Artikel 125a Abs. 1 nicht erfasste Rahmenrecht, dessen Materien in die ausschließliche Gesetzgebung des Bundes oder in die konkurrierende Gesetzgebung überführt werden, und ordnet dessen Fortgeltung einschließlich der darin enthaltenen Befugnisse und Verpflichtungen der Länder zur Gesetzgebung an. Dies sind zum Beispiel Regelungen zu Hochschulzulassung und –abschlüssen (Teile des 2. Abschnittes – Studium und Lehre – des 1. Kapitels sowie das 2. Kapitel – Zulassung zum Studium – des gegenwärtigen Hochschulrahmengesetzes), die im Gegensatz zu den übrigen Gebieten des Hochschulrechts in der Bundeskompetenz verbleiben. Die Befugnis der Länder zur Gesetzgebung bleibt, auch soweit Materien (wie das Meldewesen) in die ausschließliche Bundeskompetenz übergeleitet wurden, in den Grenzen des fortbestehenden Rahmenrechts bestehen, bis der Bundesgesetzgeber von seiner neuen Gesetzgebungszuständigkeit Gebrauch gemacht hat.

Bei den Materien, die der Abweichungsgesetzgebung nach Artikel 72 Abs. 3 unterliegen, können die Länder im Bereich der Nummern 1, 3 und 4 (soweit die Abweichungsbefugnis reicht) sogleich vom bisherigen Rahmenrecht abweichende Regelungen treffen, während auf den Gebieten des Rechts der Hochschulzulassung und der Hochschulabschlüsse (Nummer 6) sowie des Umweltrechts (Nummern 2 und 5) eine Abweichung von dem bisherigen Rahmenrecht erst ab dem jeweils bestimmten Zeitpunkt vorgesehen ist, bis zu dem allein der Bundesgesetzgeber eine Neuregelung dieser Materien, auf den Gebieten des Umweltrechts insbesondere die Schaffung eines Umweltgesetzbuches, vornehmen kann. Macht der Bund vor Ablauf dieser Übergangsfrist von seiner Gesetzgebungsbefugnis in diesen Materien Gebrauch, gilt das Abweichungsrecht ab dem Zeitpunkt der Verkündung des Gesetzes.

Absatz 2 regelt die Abweichungsbefugnis der Länder von bestehendem Organisations- und Verfahrensrecht nach Artikel 84 Abs. 1. Während die Länder von bestehenden Regelungen der Behördeneinrichtung sofort abweichen dürfen, wird für die Regelungen des Verwaltungsverfahrens eine Übergangsfrist bestimmt, innerhalb deren die Länder von nach altem Recht bestehenden bundesgesetzlichen Regelungen des Verwaltungsverfahrens erst dann abweichende Regelungen treffen können, wenn der Bund das jeweilige Bundesgesetz im Bereich des Verwaltungsverfahrens geändert hat. In diesen Fällen erstreckt sich das Abweichungsrecht auf alle verfahrensrechtlichen Vorschriften des Stammgesetzes. Hiermit soll dem Bund eine Überprüfung des vorhandenen Normbestandes und gegebenenfalls eine Neuregelung des Verwaltungsverfahrens ohne Abweichungsmöglichkeit nach Artikel 84 Abs. 1 Satz 3 vor dem Wirksamwerden des Abweichungsrechts der Länder ermöglicht werden.

Zu Artikel 125c

Artikel 125c enthält Übergangs- und Folgeregelungen für das Recht der entfallenen Artikel 91a Abs. 1 Nr. 1 und Artikel 104a Abs. 4.

Die bisherige Gemeinschaftsaufgabe „Ausbau und Neubau von Hochschulen einschließlich Hochschulkliniken“ entfällt im Hinblick auf die ganz überwiegende Länderzuständigkeit für das Hochschulwesen und die notwendige Entflechtung von Zuständigkeiten. Das aufgrund des bisherigen Artikels 91a Abs. 2 in Verbindung mit Absatz 1 Nummer 1 erlassene Recht gilt nach Artikel 125c Absatz 1 bis zum 31. Dezember 2006 fort. Dabei geht es um das Gesetz über die Gemeinschaftsaufgabe „Ausbau und Neubau von Hochschulen“ (Hochschulbauförderungsgesetz) vom 1. September 1969 (BGBl. I S. 1556), zuletzt geändert durch Gesetz vom 10. November 2001 (BGBl. I S. 2002), um den zwischen Bund und Ländern auf Grund des Hochschulbauförderungsgesetzes zuletzt in Kraft getretenen Rahmenplan (34. Rahmenplan für den Hochschulbau nach dem

Hochschulbauförderungsgesetz 2005–2008, der vom Planungsausschuss für den Hochschulbau mit Wirkung vom 27. Januar 2005 beschlossen wurde; der 35. Rahmenplan nebst Übergangsregelungen wird derzeit beraten) und zwischen Bund und Ländern zur Durchführung des Hochschulbauförderungsgesetzes und der Rahmenplanung getroffene weitere Vereinbarungen.

Die für die beabsichtigte Fortführung der „Bundesprogramme" nach § 6 Abs. 1 des Gemeindeverkehrsfinanzierungsgesetzes relevanten und auf Artikel 104a Abs. 4 in der bisherigen Fassung gestützten Regelungen des Gemeindeverkehrsfinanzierungsgesetzes gelten bis spätestens 2019 fort. Nicht auf Artikel 104a Abs. 4 in der bisherigen Fassung beruhende Bestimmungen des Gemeindeverkehrsfinanzierungsgesetzes (z.B. § 10 Abs. 2 Satz 1 und 3, § 11) sind von der Regelung des Artikels 125c nicht erfasst; sie gelten fort.

Zu Nummer 23 (Artikel 143c)

Der neu eingefügte Artikel 143c enthält finanzielle Übergangs- und Folgeregelungen im Zusammenhang mit der Abschaffung der Gemeinschaftsaufgaben Ausbau und Neubau von Hochschulen einschließlich Hochschulkliniken und Bildungsplanung (bisherige Artikel 91a Abs. 1 Nr. 1, Artikel 91b Satz 1) sowie dem Auslaufen der Finanzhilfen zur Verbesserung der Verkehrsverhältnisse der Gemeinden und zur sozialen Wohnraumförderung (Artikel 104a Abs. 4).

Sie dienen der Kompensation der für diese Mischfinanzierungen bisher eingesetzten bzw. vorgesehenen Bundesmittel. Dabei erfolgt eine stufenweise Lockerung von bisherigen Zweckbindungen der Mittel. Die Befristung bis zum Jahr 2019 erfolgt vor dem Hintergrund der dann erforderlichen Neuregelung des bundesstaatlichen Finanzausgleiches insgesamt.

Zu Absatz 1

Absatz 1 enthält die Rechtsgrundlage für die Finanzzuweisungen des Bundes, deren Höhe sich nach dem Durchschnitt der im Zeitraum vom Jahr 2000 bis zum Jahr 2008 in den jeweiligen Bereichen geleisteten bzw. vorgesehen Zahlungen des Bundes bestimmt. Für die Jahre 2000 bis 2003 sind die Ist-Ergebnisse (kassenmäßiger Abfluss beim Bundeshaushalt einschließlich Aufteilung auf die einzelnen Länder); für die Jahre 2004 bis 2008 die Ansätze im Finanzplan des Bundes 2004 bis 2008 (Finanzierungsanteile des Bundes) maßgebend.

Zu Absatz 2

Absatz 2 regelt bis zum Jahr 2013 die Verteilung der Finanzzuweisungen des Bundes auf die Länder nach Maßgabe der in den Jahren 2000 bis 2003 in den einzelnen Mischfinanzierungsbereichen durchschnittlich erhaltenen Bundesmittel und normiert eine Zweckbindung der Mittel für die von den abgeschafften Mischfinanzierungstatbeständen erfassten Aufgabenbereiche.

Zu Absatz 3

Absatz 3 sieht eine Angemessenheits- und Erforderlichkeitsprüfung der Höhe der Finanzzuweisungen des Bundes für den Zeitraum von 2014 bis 2019 vor. Diese Finanzzuweisungen unterliegen dann nur noch einer allgemeinen investiven Zweckbindung.

Satz 3 stellt klar, dass die Vereinbarungen aus dem Solidarpakt II (BR-Drs. 485/01, Beschluss vom 13. Juli 2001, Ziffer II.) zugunsten der neuen Länder durch die Kompensationsregelung nicht verdrängt werden.

In der Koalitionsvereinbarung vom 18. November 2005, Anlage 2, Rn. 36, heißt es zu Artikel 143c:

> „Zu Artikel 143c Abs. 1 GG:
>
> Für die Jahre 2000 bis 2003 sind die Ist-Ergebnisse (kassenmäßiger Abfluss beim Bundeshaushalt einschließlich Aufteilung auf die einzelnen Länder); für die Jahre 2004 bis 2008 die Ansätze im Finanzplan des Bundes 2004 bis 2008 (Finanzierungsanteile des Bundes) maßgebend. Daraus ergeben sich folgende durchschnittliche Zahlungen des Bundes jährlich an die Länder:
>
> 1. für die Gemeinschaftsaufgabe Ausbau und Neubau von Hochschulen einschließlich Hochschulkliniken 695,3 Mio. Euro,
> 2. für die Gemeinschaftsaufgabe Bildungsplanung 19,9 Mio. Euro,
> 3. für die Finanzhilfe zur Verbesserung der Verkehrsverhältnisse der Gemeinden 1 335,5 Mrd. Euro,
> 4. für die Finanzhilfe zur Förderung des Wohnungsbaus 518, 2 Mio. Euro.
>
> **Zu den einzelnen Bereichen**
>
> **a) Gemeinschaftsaufgabe Ausbau und Neubau von Hochschulen einschließlich Hochschulkliniken**
>
> Maßgebend ist der Jahresdurchschnitt der gesamten Bundesleistungen nach den o.a. Vorgaben. Einen Anteil von 30 vom Hundert davon wird der Bund für künftige überregionale Fördermaßnahmen

nach Artikel 91b Abs. 1 neu einsetzen. Einen Anteil von 70 vom Hundert erhalten die Länder aus dem Haushalt des Bundes als Festbetrag im Sinne von Artikel 143c Abs. 1 neu.

b) Bildungsplanung

Erfasst sind die Leistungen des Bundes für Versuchs- und Modelleinrichtungen im Bildungswesen und im beruflichen Bereich, Innovationen im Bildungswesen, Fernstudium im Medienverbund sowie Computer- und netzgestütztes Lernen. Maßgebend ist der Jahresdurchschnitt der gesamten Bundesleistungen nach den o.a. Vorgaben. Einen Anteil von 50 vom Hundert setzt der Bund künftig für die neue Gemeinschaftsaufgabe nach Artikel 91b Abs. 2 neu (Zusammenwirkung zur Feststellung der Leistungsfähigkeit im internationalen Vergleich) ein. Die verbleibenden 50 vom Hundert erhalten die Länder aus dem Haushalt des Bundes als Festbetrag im Sinne von Artikel 143c Abs. 1 neu.

c) Finanzhilfen zur Verbesserung der Verkehrsverhältnisse der Gemeinden

Die Länder gehen davon aus, dass der Bund das bisherige Bundesprogramm (Teilbereich kommunale Vorhaben, Bahn) fortführt und dass lediglich die Mittel der Landesprogramme auf die Länder übergehen.

d) Wohnungsbauförderung

Maßgebend ist der Jahresdurchschnitt der gesamten Bundesleistungen nach den o.a. Vorgaben.

Zu Artikel 143c Abs. 3 GG:

Die Vereinbarungen aus dem Solidarpakt II (Bundesratsdrucksache 485/01, Beschluss vom 13. 7. 2001, Ziffer II.) umfassen unter anderem die überproportionalen „Korb II"-Leistungen des Bundes für die Länder Berlin, Brandenburg, Mecklenburg-Vorpommern, Sachsen, Sachsen-Anhalt und Thüringen, die der Bund auch weiterhin für die Laufzeit des Solidarpakts II in einer Zielgröße von insgesamt 51 Mrd. Euro – unter anderem über die Gemeinschaftsaufgaben und Finanzhilfen, EU-Strukturfondsmittel, Investitionszulagen sowie die Kompensationsleistungen des Bundes nach Artikel 143c neu – erbringen wird. Eigeninvestitionen des Bundes werden nicht einbezogen.

Die Vereinbarungen zum bundesstaatlichen Finanzausgleich (Bundesratsdrucksache 485/01, Beschluss vom 13. 7. 2001, Ziffer IV.) beinhalten auch Finanzhilfen für Seehäfen (betrifft die Länder Bremen, Hamburg,

Mecklenburg-Vorpommern, Niedersachsen und Schleswig-Holstein), die aus dem Finanzausgleich herausgelöst wurden und ab 2005 als Finanzhilfe des Bundes nach Artikel 104a Abs. 4 -gestützt auf das Kriterium „Förderung des wirtschaftlichen Wachstums" – gezahlt werden sollen. Die Finanzhilfen für Hafenlasten werden nicht in Frage gestellt (vgl. Regelung in Artikel 125b GG [jetzt Artikel 125c GG])."

Artikel 2

Die Vorschrift regelt das Inkrafttreten.

C. Gesetzesfolgen

Die mit der Föderalismusreform verbundene Entflechtung von Zuständigkeiten und die damit einhergehende Stärkung der Eigenständigkeit von Bund und Ländern wirkt insgesamt entlastend für die öffentlichen Haushalte. Die Verbesserung der Reformfähigkeit des Staates durch Ausweitung des Gestaltungsspielraums der jeweiligen Ebenen in Gesetzgebung und Verwaltung schafft die Voraussetzungen für einen effizienteren Einsatz öffentlicher Mittel, eine dynamischere gesamtwirtschaftliche Entwicklung und die Konsolidierung der Staatsfinanzen.

Unmittelbare Auswirkungen auf die Haushalte von Bund und Ländern ergeben sich auf Grund der Regelung des Artikels 143c, nach der den Ländern im Zeitraum vom 1. Januar 2007 bis zum 31. Dezember 2019 jährliche Beträge aus dem Bundeshaushalt zur Kompensation des Wegfalls der Finanzierungsanteile des Bundes durch die vorgesehene Abschaffung der Gemeinschaftsaufgaben „Ausbau und Neubau von Hochschulen, einschließlich Hochschulkliniken" und „Bildungsplanung" sowie der Finanzhilfen zur Verbesserung der Verkehrsverhältnisse der Gemeinden und zur sozialen Wohnraumförderung zustehen. Die Beträge sind bis Ende 2013 festgelegt und für die Aufgabenbereiche der bisherigen Mischfinanzierungen zweckgebunden. Die Höhe der Mittel beruht auf dem Umfang der Finanzierungsanteile des Bundes im Referenzzeitraum von 2000 bis 2008. Die Länder erhalten jährlich 695,3 Mio € (70% des Kompensationsvolumens) für den Bereich Ausbau und Neubau von Hochschulen einschließlich Hochschulkliniken, 19,9 Mio. € (50% des Kompensationsvolumens) für den Bereich Bildungsplanung, 518,2 Mio € für die soziale Wohnraumförderung und 1 335,5 Mio € für die Verbesserung der Verkehrsverhältnisse der Gemeinden. Zugleich ist vereinbart, dass der Bund für überregionale Fördermaßnahmen im Hochschulbereich nach Artikel 91b Abs. 1 jährlich 298 Mio € (30% des Kompensationsvolumens für die abgeschaffte Gemeinschaftsaufgabe Hochschulbau) und für das künftige Zusammenwirken bei der Evaluation und Berichterstattung des Bildungswesens im internationalen Vergleich jährlich 19,9 Mio € (50% des Kompensationsvolumens für den Wegfall der gemeinsamen Bildungsplanung) einsetzt. Die den Ländern gemäß Artikel 143c aus dem Bundeshaushalt zustehenden Beträge belaufen sich in den Jahren 2007 bis 2013 insgesamt auf jährlich rund 2,6 Mrd. €. Durch die Kompensation stehen den Ländern die erforderlichen Mittel zur Verfügung, um die in ihre alleinige Finanzierungskompetenz übergehenden Aufgaben zu erfüllen.